Brújula

スペイン語学習の羅針盤

東京大学教養学部スペイン語部会編

Editorial ASAHI

PAÍSES
HISPANOHABLANTES

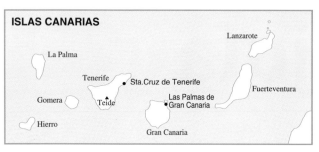

ISLAS CANARIAS

La Palma

Lanzarote

Tenerife

Sta.Cruz de Tenerife

Gomera

▲ Teide

Las Palmas de
Gran Canaria

Fuerteventura

Hierro

Gran Canaria

ESPAÑA

Mar Cantábrico

FRANCIA

La Coruña

Gijón

Santander

Guernica

San Sebastián

Santiago
de Compostela

Oviedo

Lugo

ASTURIAS

CANTABRIA

Bilbao

PAÍS VASCO

LOS PIRINEOS

ANDORRA

C.Finisterre

GALICIA

León

Vitoria

Pamplona

Jaca

Pontevedra

NAVARRA

Huesca

Figueras

Vigo

Orense

Astorga

Burgos

Logroño

Gerona

Costa Brava

Miño

Palencia

LA RIOJA

Soria

Zaragoza

CATALUÑA

Lérida

Oporto

CASTILLA Y LEÓN

Zamora

Duero

Ebro

Tarragona

Barcelona

Douro

Valladolid

ARAGÓN

Tortosa

Medina del Campo

Salamanca

Segovia

Coimbra

Ávila

Guadalajara

Teruel

Menorca

Mallorca

PORTUGAL

MADRID

Alcalá de Henares

Castellón de la Plana

Palma de Mallorca

Mahón

MADRID

Talavera de la Reina

Aranjuez

Cuenca

VALENCIA

ISLAS BALEARES

Tajo

Toledo

Valencia

Ibiza

C.da Roca

Tejo

CASTILLA-LA MANCHA

Júcar

LISBOA

Cáceres

EXTREMADURA

Alcázar de San Juan

Formentera

Mérida

Ciudad Real

Albacete

Guadiana

Évora

Segura

Alicante

Córdoba

Guadalquivir

Elche

Mar Mediterráneo

Jaén

Murcia

Huelva

ANDALUCÍA

MURCIA

Sevilla

Granada

Cartagena

Málaga

▲ Mulhacén

Almería

Cádiz

Costa del Sol

Costa Blanca

Algeciras

Gibraltar

Estrecho de Gibraltar →

Ceuta

Océano Atlántico

ARGELIA

Melilla

MARRUECOS

Tijuana

Mexicali

ESTA

Ciudad Juárez

Río Grande

Chihuahua

P.de la Baja California

Mon

MÉX

Guadalajara

Ciu
de M

Popo

Acapulco

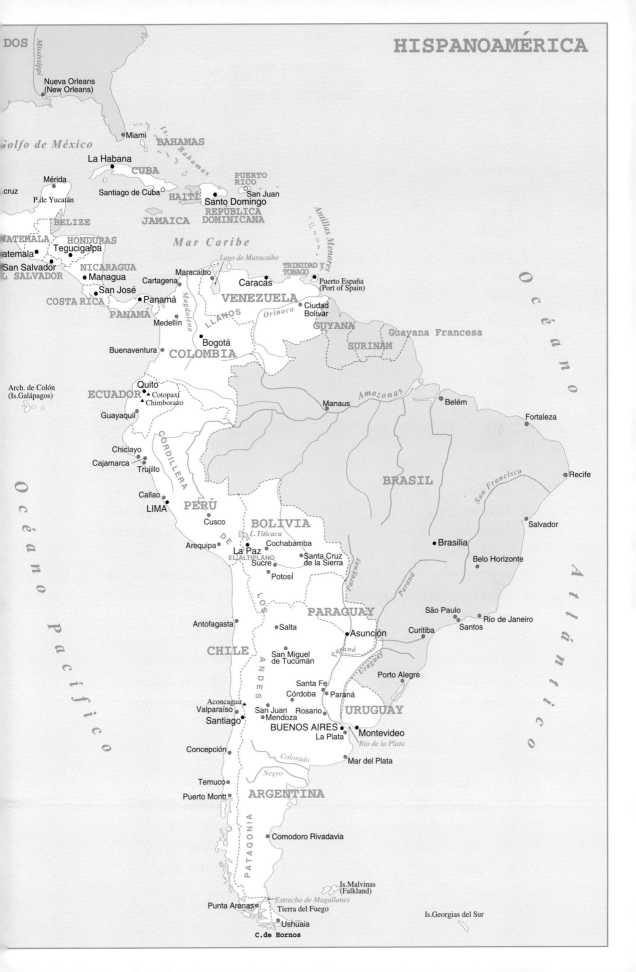

HISPANOAMÉRICA

DOS

Mississippi

Nueva Orleans
(New Orleans)

Golfo de México

Miami

Is. Bahamas

BAHAMAS

La Habana

CUBA

Mérida

cruz

P. de Yucatán

Santiago de Cuba

PUERTO
RICO

San Juan

HAITÍ

Santo Domingo

BELIZE

REPÚBLICA
DOMINICANA

JAMAICA

ATEMALA

HONDURAS

atemala

Tegucigalpa

Mar Caribe

Antillas Menores

San Salvador

NICARAGUA

L SALVADOR

Managua

Maracaibo

Cartagena

Caracas

TRINIDAD Y
TOBAGO

Puerto España
(Port of Spain)

San José

COSTA RICA

Panamá

VENEZUELA

Ciudad
Bolívar

PANAMÁ

Medellín

LLANOS

Orinoco

GUYANA

Buenaventura

Bogotá

Magdalena

COLOMBIA

SURINAM

Guayana Francesa

Océano

Arch. de Colón
(Is. Galápagos)

Quito

ECUADOR

Cotopaxi
Chimborazo

Amazonas

Manaus

Belém

Fortaleza

Guayaquil

Chiclayo

Cajamarca

Trujillo

CORDILLERA

BRASIL

San Francisco

Recife

Callao

LIMA

PERÚ

Cusco

BOLIVIA

L. Titicaca

Salvador

Arequipa

La Paz

Cochabamba

EL ALTIPLANO

Sucre

Santa Cruz
de la Sierra

Brasilia

Belo Horizonte

Potosí

Paraguay

Paraná

Océano

Antofagasta

LOS

PARAGUAY

São Paulo

Rio de Janeiro

Salta

Asunción

Curitiba

Santos

CHILE

San Miguel
de Tucumán

Paraná

Santa Fe

Porto Alegre

ANDES

Córdoba

Paraná

Aconcagua

San Juan

Rosario

URUGUAY

Valparaíso

Mendoza

Santiago

BUENOS AIRES

Montevideo

La Plata

Río de la Plata

Concepción

Colorado

Mar del Plata

Negro

Temuco

ARGENTINA

Puerto Montt

Océano

Pacífico

PATAGONIA

Comodoro Rivadavia

Is. Malvinas
(Falkland)

Estrecho de Magallanes

Punta Arenas

Tierra del Fuego

Is. Georgias del Sur

Ushuaia

C. de Hornos

Atlántico

基本単語集

1. 数詞

0	cero	27	veintisiete
1	uno (un, una)	28	veintiocho
2	dos	29	veintinueve
3	tres	30	treinta
4	cuatro	31	treinta y uno (un, una)
5	cinco	40	cuarenta
6	seis	50	cincuenta
7	siete	60	sesenta
8	ocho	70	setenta
9	nueve	80	ochenta
10	diez	90	noventa
11	once	100	cien (ciento)
12	doce	101	ciento uno (un, una)
13	trece	200	doscientos, -tas
14	catorce	300	trescientos, -tas
15	quince	400	cuatrocientos, -tas
16	dieciséis	500	quinientos, -tas
17	diecisiete	600	seiscientos, -tas
18	dieciocho	700	setecientos, -tas
19	diecinueve	800	ochocientos, -tas
20	veinte	900	novecientos, -tas
21	veintiuno (veintiún, veintiuna)	1.000	mil
22	veintidós	10.000	diez mil
23	veintitrés	100.000	cien mil
24	veinticuatro	1.000.000	un millón
25	veinticinco	10.000.000	diez millones
26	veintiséis	100.000.000	cien millones

2. 序数詞

1º / 1ª	primero, -ra (primer)		6º / 6ª	sexto, -ta
2º / 2ª	segundo, -da		7º / 7ª	séptimo, -ma
3º / 3ª	tercero, -ra (tercer)		8º / 8ª	octavo, -va
4º / 4ª	cuarto, -ta		9º / 9ª	noveno, -na
5º / 5ª	quinto, -ta		10º / 10ª	décimo, -ma

3. 曜日（月曜日〜日曜日）

lunes martes miércoles jueves viernes sábado domingo

4. 月（1月〜12月）

enero	febrero	marzo	abril	mayo	junio
julio	agosto	septiembre	octubre	noviembre	diciembre

5. 時の表現（名詞・副詞）

時間 hora	日 día	週 semana	月 mes	年 año
今日 hoy	昨日 ayer	明日 mañana	明後日 pasado mañana	
一昨日 anteayer				

6. 四季（春夏秋冬）

primavera verano otoño invierno

7. 方位

北 norte	南 sur	東 este	西 oeste
北東 nordeste	北西 noroeste	南東 sudeste	南西 sudoeste

8. 色

赤 rojo	白 blanco	黒 negro	黄 amarillo	青 azul	緑 verde
オレンジ naranja	ピンク rosa	灰色 gris	茶 marrón	紫 morado	

9. 国名とその形容詞
・スペイン語圏の国々

アルゼンチン	Argentina	argentino, -na
ボリビア	Bolivia	boliviano, -na
チリ	Chile	chileno, -na
コロンビア	Colombia	colombiano, -na
コスタリカ	Costa Rica	costarricense, -se
キューバ	Cuba	cubano, -na
エクアドル	Ecuador	ecuatoriano, -na
エルサルバドル	El Salvador	salvadoreño, -ña
スペイン	España	español, -la
グアテマラ	Guatemala	guatemalteco, -ca
赤道ギニア	Guinea Ecuatorial	guineano, -na
ホンジュラス	Honduras	hondureño, -ña
ドミニカ共和国	República Dominicana	dominicano, -na
メキシコ	México	mexicano, -na
ニカラグア	Nicaragua	nicaragüense, -se

パナマ	Panamá	panameño, -ña
パラグアイ	Paraguay	paraguayo, -ya
ペルー	Perú	peruano, -na
プエルトリコ	Puerto Rico	puertorriqueño, -ña
ウルグアイ	Uruguay	uruguayo, -ya
ベネズエラ	Venezuela	venezolano, -na

• その他の国々

ドイツ	Alemania	alemán, -na
オーストラリア	Australia	australiano, -na
オーストリア	Austria	austriaco, -ca
ベルギー	Bélgica	belga, -ga
ブラジル	Brasil	brasileño, -ña
カナダ	Canadá	canadiense, -se
中国	China	chino, -na
韓国，北朝鮮	Corea (del Sur, del Norte)	coreano, -na
デンマーク	Dinamarca	danés, -sa
エジプト	Egipto	egipcio, -cia
アメリカ合衆国	Estados Unidos	estadounidense, -se
フィリピン	Filipinas	filipino, -na
フランス	Francia	francés, -sa
ギリシア	Grecia	griego, -ga
オランダ	Holanda	holandés, -sa
インド	India	hindú, -dú; indio, -dia
イギリス	Inglaterra	inglés, -sa
イラン	Irán	iraní, -ní
イタリア	Italia	italiano, -na
日本	Japón	japonés, -sa
モロッコ	Marruecos	marroquí, -quí
ノルウェー	Noruega	noruego, -ga
ポーランド	Polonia	polaco, -ca
ポルトガル	Portugal	portugués, -sa
ロシア	Rusia	ruso, -sa
スウェーデン	Suecia	sueco, -ca
スイス	Suiza	suizo, -za
トルコ	Turquía	turco, -ca
ベトナム	Vietnam	vietnamita, -ta

はじめに

　この教科書は，全 10 課を通じてスペイン語の基礎を一通り身につけられるように編まれています．一般の初級教科書よりも少し難易度の高い，読み応えのある例文や読み物を用意し，皆さんが本書をしっかり学習した暁<ruby>暁<rt>あかつき</rt></ruby>にはスペイン語の新聞や雑誌の記事なども辞書を片手に読めるようになることを目指しました．

　スペイン語は，スペインはもとよりラテンアメリカ諸国の人々，アメリカ合衆国に住むヒスパニック系の人々など，全世界で約 5 億人が使用している国際的な言語です．そこでこの教科書では，スペイン語圏のさまざまな地域の話題を取り上げ，例文の単語や言い回しにもそうした地域の多様性を反映させるように努めました．

　スペイン語の発音を学ぶ Lección 1（第 1 課）を除いて，以降の各課は次の 5 つの部分から構成されています．

1）Diálogo（会話）
　スペイン人やメキシコ人，アルゼンチン人や日本人，韓国人などが登場し，スポーツ，音楽，旅行，ファッション，言語など多彩な話題をめぐって会話を交わします．覚えておけば，日常の会話にすぐに役立つような表現を数多く盛り込みました．

2）Lectura（講読）
　Diálogo の話題と関連した内容の本格的な読み物です．スペイン語圏の事情や文化だけでなく，日本の魅力を紹介した課もあります．ここでは，論理的な文章を正確に読み解く訓練を行います．

3）Gramática（文法）
　Diálogo や Lectura に出てきた文法項目をはじめ，文法を解説します．時制に関していえば，スペイン語で普通に使われる時制は，接続法の過去完了まで網羅的に取り上げています．

4）Ejercicios（練習）
　ここまで獲得してきた知識を定着させ，応用力を養うための練習問題です．動詞の活用練習を中心に，読み物の内容に関する質問，スペイン語作文など，さまざまなタイプの問題を揃え，多面的な語学力が培われるように工夫しました．

5）Vocabulario（語彙集）
　教科書に出てきた単語を覚え，さらにスペイン語の重要単語をまとめて身につけるための語彙集です．テーマ別に分類・整理されています．

　この教科書は，私たちが東京大学教養学部の学内版として 4 年間にわたって使用し，改訂を重ねてきたものです．このたび装いも新たに全国版として生まれ変わりました．改訂に当たっては，栗林ゆき絵先生，Héctor Sierra 先生をはじめ，多くの方々から貴重な助言をちょうだいしました．また朝日出版社の山中亮子さんには，配慮の行き届いた編集作業で本書を完成まで導いていただきました．心からお礼申し上げます．

　海をわたる船が目的の港に無事にたどり着くには，正確な方位を示してくれる Brújula（羅針盤）が不可欠です．この教科書が，これからスペイン語という大海に船出される皆さんのよき羅針盤となることを願ってやみません．

2019 年 7 月

著者一同

目　次

┌─ 音声サイト URL ──────────────────────────┐
│   │
│ http://text.asahipress.com/free/spanish/brujula/index.html   │
│   │
└──┘

Lección 1

Diálogo

2 Teresa : ¡Hola!

John : Hola, ¿qué tal estás?

Teresa : Muy bien.

Juan : Buenos días.

5 Yoko : Buenos días.

Juan : ¿Cómo estás?

Yoko : Bien.

3 Mario : Hola, me llamo Mario.

Yoshimi : Hola, me llamo Yoshimi. Encantada.

10 Mario : Mucho gusto.

Profesora : Buenas tardes.

Xiang : Buenas tardes, profesora. ¿Cómo está?

Profesora : Bien, gracias.

Ichiro : Adiós.

15 Beatriz : ¡Hasta mañana!

1 アルファベート Alfabeto

大文字	小文字	読み方	大文字	小文字	読み方	大文字	小文字	読み方
A	a	a	J	j	jota	R	r	ere
B	b	be	K	k	ka	S	s	ese
C	c	ce	L	l	ele	T	t	te
D	d	de	M	m	eme	U	u	u
E	e	e	N	n	ene	V	v	uve
F	f	efe	Ñ	ñ	eñe	W	w	uve doble
G	g	ge	O	o	o	X	x	equis
H	h	hache	P	p	pe	Y	y	ye, i griega
I	i	i	Q	q	cu	Z	z	zeta

2 母音 Vocales

1. 開母音 a, e, o：casa, mesa, oreja

2. 閉母音 i, u：mil, uva

3 二重母音と三重母音 Diptongos y triptongos

● 1つの母音として扱う.

1. 開母音＋閉母音：baile, causa, reino, euro, boina

2. 閉母音＋開母音：piano, guapo, siesta, bueno, colegio, cuota

3. 閉母音＋閉母音：cuidado, viuda

4. 閉母音＋開母音＋閉母音：estudiáis, cambiéis, Paraguay, buey

4 母音の分立 Hiato

● それぞれ独立した2つの母音として扱う.

1. 開母音＋開母音：tarea, oasis, museo, maestra
2. 開母音＋アクセント記号つきの閉母音：país, baúl, oído
3. アクセント記号つきの閉母音＋開母音：día, río, grúa

5 子音 Consonantes

b	[b]	boca, nube
c	[k]	comida, cuna, clase
	[θ][s]	cena, cine

ch	[tʃ]	muchacha, noche
d	[d]	dinero, dedo, verdad
f	[f]	fama, teléfono
g	[g]	gato, tango, grado, guerra, guía
	[x]	origen, gigante
h	[-]	hotel, alcohol
j	[x]	joven, viaje
k	[k]	kilómetro, kiosco
l	[l]	lado, papel
ll	[ʎ]	calle, lluvia
m	[m]	música, amigo
n	[n]	nadie, pan
ñ	[ñ]	señor, mañana
p	[p]	patata, deporte
qu	[k]	queso, máquina
r	[r]	cara, pero, dolor
	[r̃]	rosa, radio
rr	[r̃]	perro, torre
s	[s]	semana, mariposa
t	[t]	todo, lista
v	[b]	verano, favor
w	[w]	whisky, web
x	[ks][s]	examen, taxi, extranjero
y	[j][i]	ayer, ayuda, hoy
z	[θ][s]	zumo, brazo, voz

🎧 9 6 二重子音 Consonantes dobles

● 1つの子音として扱う.

$$
\left.\begin{matrix} p & t & c \\ b & d & g \\ f & & \end{matrix}\right\} + \left\{\begin{matrix} l \\ r \end{matrix}\right.
$$

pl, pr :   pluma, compra
bl, br :   blando, sombra
fl, fr :   flor, cifra
cl, cr :   claro, escribir
gl, gr :   siglo, grave

tr : **tr**en, cua**tr**o

dr : **dr**ama, ma**dr**e

*ch, ll, rr は２文字一組で１つの子音を表す（二重子音ではない）.

7 音節の分け方 Silabeo

1. 分立母音が２つ続くときは，その間で２つの音節に分ける.

ta-**re**-**a**, **o**-**a**-sis, pa-**ís**, **rí**-**o**

2. 母音の間に１つ子音があるときは，子音の前で音節を分ける.

a-**mi**-**ga**, de-ta-**lle**, a-**rr**oz, li-**bro**, pa-**dre**

3. 母音の間に２つ子音があるときは，子音の間で音節を分ける.

es-tu-dian-**te**, hom-**bre**, dic-**cio**-na-rio, mar-**cha**

4. 母音の間に３つ子音があるときは，最後の１つの前で音節を分ける.

cons-tan-te, **ins**-**tru**-men-to

8 アクセントの位置 Acentuación

1. 母音，または n, s で終わる語は後ろから２番目の音節にアクセントがある.

me-sa, ma-**ña**-na, vo-**lu**-men, pa-**ra**-guas

2. n, s 以外の子音で終わる語は最後の音節にアクセントがある（y は子音として扱う）.

va-**lor**, hos-pi-**tal**, cla-ri-**dad**, U-ru-**guay**

3. これらに当てはまらない場合はアクセント記号をつける.

ca-**fé**, **mú**-si-ca, **lá**-piz

* 「開母音＋閉母音」ならびに「閉母音＋開母音」という組み合わせの二重母音にアクセントがあるときは，開母音が強く発音される. p**au**sa, v**ue**lo

* 「閉母音＋閉母音」という組み合わせの二重母音にアクセントがあるときは，後の母音が強く発音される. j**ui**cio, v**iu**da

9 綴り字の規則 Ortografía y pronunciación

発音	次の母音					語末
	i	**e**	**a**	**o**	**u**	
[θ] [s]	ci	ce	za	zo	zu	z
[k]	qui	que	ca	co	cu	c
[x]	gi (ji)	ge (je)	ja	jo	ju	(j)
[g]	gui	gue	ga	go	gu	(g)
[gw]	güi	güe	gua	guo		

5

1. 次の中から二重母音も三重母音も含まない単語をひとつ選びなさい．さらにすべての単語を正しく発音しなさい．

1. huevo	continuáis	maíz	jaula
2. tiempo	teoría	cuarto	huida
3. ausencia	radio	peine	paseo
4. paella	paraguas	antiguo	gracias

2. 次の中から二重子音を含まない単語をひとつ選びなさい．さらにすべての単語を正しく発音しなさい．

1. cultura	sombrero	secreto	regla
2. trigo	siempre	lámpara	influencia
3. clima	síndrome	frase	ficción
4. amable	sangre	respuesta	problema

3. 太字の部分の音にとくに注意を払いながら，次の単語を正しく発音しなさい．

1. en**c**ima	**ce**bolla	bra**zo**	jue**z**
2. ta**qui**lla	**que**hacer	pla**ca**	**cu**mbre
3. pere**jil**	án**gel**	**ju**ventud	relo**j**
4. **gui**tarra	ju**gue**te	pin**güi**no	ver**güe**nza

4. 次の単語を音節に分け，アクセントの位置を示しなさい．さらにすべての単語を正しく発音しなさい．

1. ascensor
2. capricho
3. cigarrillo
4. cortaplumas
5. discontinuidad
6. examen
7. instrucción
8. noviembre
9. reembolso
10. zanahoria

6

Vocabulario

- 挨拶やお礼などの表現：**Hola, ¿qué tal?** やあ，調子はどう？，**Buenos días** おはよう，**Buenas tardes** こんにちは，**Buenas noches** こんばんは，**Mucho gusto** はじめまして，**Hasta luego** また後で，**Adiós** さようなら，**Gracias** ありがとう，**De nada** どういたしまして，**Lo siento** 申しわけありません，**Sí** はい，**No** いいえ

- 授業中に使える表現：**Más despacio, por favor** もっとゆっくり話してください，**Otra vez, por favor** もう一回言ってください，**¿Cómo se dice ... en español?** スペイン語では...をどう言いますか？，**¿Cómo se escribe...?** ... はどう綴りますか？，**¿Cómo se pronuncia...?** ... はどう発音しますか？

- 授業に関する語彙：**ejercicio** *m.* 練習，**lección** *f.* 課，**página** *f.* ページ，**pregunta** *f.* 質問，**respuesta** *f.* 答え，**profesor, -a** *mf.* 先生，**compañero, -a** *mf.* 仲間，**en parejas** ペアで，**en grupos** グループで，**deberes** *m.pl.* (**tarea** *f.*) 宿題

- 学習に使う用具：**internet** *f.* インターネット，**libro** *m.* 本，**papel** *m.* 紙，**bolígrafo** *m.* ボールペン，**lápiz** *m.* 鉛筆，**goma** *f.* 消しゴム，**fotocopia** *f.* コピー，**pizarra** *f.* 黒板，**tiza** *f.* チョーク，**rotulador** *m.* マーカー，**ordenador** *m.* (**computador, -a** *mf.*) コンピュータ，**cuaderno** *m.* ノート，**hoja** *f.* シート，**regla** *f.* 定規，**impresora** *f.* プリンター，**fotocopiadora** *f.* コピー機，**diccionario** *m.* 辞書，**diccionario electrónico** *m.* 電子辞書

各課の Vocabulario（語彙集）において，*m.* は男性名詞，*f.* は女性名詞，*pl.* は通常複数形で使われる名詞を表す．形容詞は男性単数形を掲げる．

Lección 2

● Diálogo

12 Ji Sung : Buenos días, Naoki.

Naoki : Buenos días.

Ji Sung : Oh, mira, allí está mi amiga.

Lupe : ¡Hola!

5 Naoki : Hola, ¿cómo te llamas?

Lupe : Me llamo Lupe.

Naoki : Yo me llamo Naoki, mucho gusto.

Lupe : Encantada.

13 Naoki : ¿De dónde eres, Lupe?

10 Lupe : Soy de Morelos, México. ¿Tú eres de Tokio?

Naoki : No, soy de Fukuoka, pero ahora estoy en Tokio para estudiar.

Lupe : Ji Sung, tú eres chino, ¿verdad?

Ji Sung : No, soy coreano, de Seúl.

Dos ciudades españolas

   Madrid está en el centro de España. Es la capital del país. Hay muchos edificios altos y tiendas bonitas. En Madrid está el Museo del Prado. Es un museo famoso. También está el estadio Santiago Bernabéu, del equipo Real Madrid. Es muy grande e impresionante.

5   Alicante es una ciudad pequeña. Está al lado del mar Mediterráneo, en el sudeste de España. En Alicante hay numerosas playas y un paseo marítimo agradable. También hay un castillo muy antiguo. Es el Castillo de Santa Bárbara.

Centro de Madrid

Alicante

Gramática

1 名詞の性と数　Género y número de los nombres

1. 名詞の性
   ● すべての名詞は，男性名詞，女性名詞のいずれかに分類される.
   (1) 生物を表す名詞の性：自然の性別と一致する.

男性名詞	hombre	padre	chico	toro
女性名詞	mujer	madre	chica	vaca

   (2) 無生物を表す名詞の性：多くの場合，語尾によって識別できる.
      1) 男性名詞特有の語尾 -o：libro, vino, bolígrafo
      2) 女性名詞特有の語尾 -a, -d, -ción, -sión：mesa, plaza, ciudad, estación,
         televisión
      例外： -o で終わる女性名詞：foto, mano, moto
      　　　 -a で終わる男性名詞：día, mapa, problema

2. 名詞の数．複数形のつくり方
   (1) 母音で終わる単語：-s を加える.　　patio → patios, calle → calles
   (2) 子音で終わる単語：-es を加える.　　flor → flores, hospital → hospitales
      ☞canción → canciones, japonés → japoneses
      　examen → exámenes, joven → jóvenes

2 冠詞　Artículos determinados e indeterminados

1. 定冠詞

	単数	複数
男性	el	los
女性	la	las

   el cuaderno　　los cuadernos
   la pluma　　　 las plumas

2. 不定冠詞

	単数
男性	un
女性	una

   un amigo, una alumna
   ☞ 複数形の unos と unas は「いくつかの」という意味の不定形容詞.

3 主語人称代名詞 Pronombres personales de sujeto

	単数	複数
1人称	yo	nosotros / nosotras
2人称	tú	vosotros / vosotras
3人称	él	ellos
	ella	ellas
	usted	ustedes

1. tú と vosotros / vosotras は親しい相手に対して，usted, ustedes は敬語を使うべき相手に対して用いる．
2. nosotras と vosotras は構成員が全員女性の場合．
3. ラテンアメリカでは，vosotros / vosotras のかわりに ustedes が用いられる．
4. 主語人称代名詞は省略されることが多い．

4 ser と estar

ser	
soy	somos
eres	sois
es	son

1. ser ＋ 名詞：主語と名詞（補語）をイコールで結ぶ（「～は...です」）．主語が人間の場合，職業・身分・国籍などを表す．
   La capital de Colombia es Bogotá.
   Francisco es ingeniero.
   Sois japoneses.
2. ser ＋ 形容詞：主語の「永続的な特徴・性質」を表す．
   Pedro es nervioso.
3. ser de ＋ 名詞：主語の出身地・所有者・材料などを表す．
   Somos de México.　　　El libro es de Ana.　　　La mesa es de madera.

estar	
estoy	estamos
estás	estáis
está	están

1. estar ＋ 形容詞：主語の「一時的な状態」を表す．
   Pedro está nervioso ahora.

2. estar ＋ 場所を示す副詞（句）：主語の所在を表す．

La Alhambra está en Granada.

5 形容詞　Adjetivos

● 形容詞は、修飾する名詞の性・数に一致する．

1. 男性単数形が -o で終わる形容詞：性・数の変化がある．

	単数	複数
男性	nuevo	nuevos
女性	nueva	nuevas

edificio nuevo　edificios nuevos
casa nueva　　casas nuevas

2. 男性単数形が -o 以外で終わる形容詞：数の変化のみがある．

	単数	複数	単数	複数
男性	amable	amables	difícil	difíciles
女性	amable	amables	difícil	difíciles

chico amable　chicos amables　ejercicio difícil　ejercicios difíciles
chica amable　chicas amables　cuestión difícil　cuestiones difíciles

3. 地名形容詞は，男性単数形が子音で終わる場合にも，-a を加えて女性形をつくる．

	単数	複数	単数	複数
男性	español	españoles	japonés	japoneses
女性	española	españolas	japonesa	japonesas

pintor español　　pintores españoles
pintora española　pintoras españolas

6 形容詞の位置と用法　Posición y usos de los adjetivos

1. 形容詞は一般に名詞の後に置く．

Pilar es una chica simpática.

2. 「数量」を示す形容詞などは名詞の前に置く．

muchas personas, poco trabajo

7 所有形容詞　Adjetivos posesivos

1. 前置形

	所有者が単数	所有者が複数
1 人称	mi (mis)	nuestro (-a, -os, -as)
2 人称	tu (tus)	vuestro (-a, -os, -as)
3 人称	su (sus)	su (sus)

● 名詞の前に置く．冠詞や指示形容詞（第3課参照）と一緒には用いない．名詞に合わせて mi, tu, su は数変化し，nuestro, vuestro は性・数変化する．

mi hermano, mi hermana, mis hermanos, mis hermanas

vuestro hermano, vuestra hermana, vuestros hermanos, vuestras hermanas

Nuestro padre está en su habitación.

2. 後置形

	所有者が単数	所有者が複数
1 人称	mío (-a,-os, -as)	nuestro (-a, -os, -as)
2 人称	tuyo (-a, -os, -as)	vuestro (-a, -os, -as)
3 人称	suyo (-a, -os, -as)	suyo (-a, -os, -as)

(1) 名詞の後に置く．性・数は名詞のそれに一致する．

Un amigo mío es jugador de tenis.

(2) 「ser ＋ 所有形容詞後置形」で，ser の補語となる．所有形容詞後置形の性・数は，主語のそれに一致する．

Los bolígrafos son tuyos.

(3) 「定冠詞 ＋ 所有形容詞後置形」で，所有代名詞となる．定冠詞および所有形容詞後置形の性・数は，受けている名詞の性・数に一致する．

Tu pastel es muy grande, pero el mío es pequeño.

8 無人称動詞 haber　Verbo impersonal *haber*

● hay は haber の現在3人称単数の特別な形で，「（不特定の）何々がいる，ある」という意味を表す．

Hay un buen restaurante cerca de aquí.

En la plaza hay muchos jóvenes.

☞estar は「特定の」人や物の所在を表す．

Pilar y Arturo están en la plaza.

9 否定文　Oraciones negativas

● 否定文をつくるには，活用している動詞の前に no を入れる．

Somos de Lima.　→　No somos de Lima.

¿Eres japonés?　　— Sí, soy japonés.

　　　　　　　　　　— No, no soy japonés.

10 平叙文と疑問文，疑問詞 Oraciones declarativas e interrogativas, Interrogativos

1. 平叙文では，主語と動詞の語順はとくに決まっていない．

   Usted es muy amable. / Es usted muy amable.

2. 疑問詞を用いないタイプの疑問文（Sí ないし No で答えられる疑問文）でも，主語と動詞の語順は任意である．

   ¿La estación está lejos? / ¿Está lejos la estación?

   — Sí, está bastante lejos.

3. 疑問詞を用いるタイプの疑問文では，「疑問詞＋動詞＋主語」の語順になる．

   ● 主な疑問詞

qué, quién (quiénes), cuándo, dónde, por qué, cómo, cuál (cuáles), cuánto (cuánta, cuántos, cuántas)

   ¿De dónde eres tú?   — Soy de Japón.

   ¿Cómo son los estudiantes?   — Son simpáticos y trabajadores.

1. 下線部に ser または estar の適切な活用形を入れなさい.

1. Mi madre ＿＿＿＿＿＿ de Brasil.

2. María y yo ＿＿＿＿＿＿ cansados.

3. Ahora yo ＿＿＿＿＿＿ en casa.

4. ¿Vosotros ＿＿＿＿＿＿ periodistas?

2. 下線部に estar または haber の適切な活用形を入れなさい.

1. En la habitación del hotel ＿＿＿＿＿＿ dos camas, una mesa y tres sillas.

2. El museo ＿＿＿＿＿＿ delante de la oficina de correos.

3. En Toledo ＿＿＿＿＿＿ muchas iglesias y monumentos históricos.

4. Los gatos ＿＿＿＿＿＿ al lado de la ventana.

3. 日本語に対応する所有形容詞を適切な形にして入れなさい.

1. ＿＿＿＿＿＿（彼女の） coche

2. ＿＿＿＿＿＿（君たちの） padres

3. ＿＿＿＿＿＿（あなた方の） ideas

4. ＿＿＿＿＿＿（私の） camisa

5. un profesor ＿＿＿＿＿＿（私たちの）

6. la culpa ＿＿＿＿＿＿（君の）

7. las opiniones ＿＿＿＿＿＿（あなたの）

8. los trabajos ＿＿＿＿＿＿（私の）

4. 次の文をスペイン語に訳しなさい.

1. あなた方はどちらのご出身ですか？

2. 私たちの大学は町の中心部にあります.

3. 君の家は駅から近いが, 私の家は遠い.

4. そのビルの中には, 喫茶店 (cafetería) が 2 軒あります.

Vocabulario

- **職業**：**abogado, -a** *mf.* 弁護士，**agricultor, -a** *mf.* 農民，**amo, -a de casa** *mf.* 主夫，主婦，**arquitecto, -a** *mf.* 建築家，**camarero, -a (mesero, -a)** *mf.* ウェーター，ウェートレス，**camionero, -a** *mf.* トラック運転手，**carpintero, -a** *mf.* 大工，**enfermero, -a** *mf.* 看護師，**estudiante** *mf.* 学生，**funcionario, -a** *mf.* 公務員，**ingeniero, -a** *mf.* エンジニア，**juez, -za** *mf.* 裁判官，**maestro, -a** *mf.* （小中学校の）教諭，**médico, -a** *mf.* 医師，**obrero, -a** *mf.* 労働者，**policía** *mf.* 警察官

- **身体的特徴**：**alto** 背が高い，**bajo** 背が低い，**gordo** 太った，**delgado** 痩せた，**guapo** ハンサムな，美しい，**feo** 不細工な，**rubio** 金髪の，**moreno** 褐色の肌（髪）の，**calvo** 禿げた，**llevar bigote / gafas / un sombrero** 口ひげを生やしている／メガネをかけている／帽子をかぶっている

- **性格・人柄**：**simpático** 感じがよい，**antipático** 感じが悪い，**inteligente** 頭がよい，**trabajador** 仕事熱心な，**alegre** 陽気な，**serio** 真面目な，**tímido** 臆病な，**generoso** 寛大な，**abierto** 開放的な，**nervioso** 神経質な

- **心や身体の状態**：**contento** うれしい，**enfadado (enojado)** 怒っている，**nervioso** 緊張している，**triste** 悲しんだ，**bien** 元気で，**mal** 体調が悪く，**cansado** 疲れた

- **家族関係・人間関係**：**familia** *f.* 家族，**padre** *m.* 父親，**madre** *f.* 母親，**padres** *m. pl.* 両親，**hijo, -a** *mf.* 息子，娘，**hermano, -a** *mf.* 兄弟，姉妹，**abuelo, -a** *mf.* 祖父，祖母，**nieto, -a** *mf.* 孫，**tío, -a** *mf.* おじ，おば，**primo, -a** *mf.* いとこ，**sobrino, -a** *mf.* 甥，姪，**marido (esposo)** *m.* 夫，**mujer (esposa)** *f.* 妻，**pareja** *f.* カップル，**novio, -a** *mf.* 恋人

- **人の成長段階**：**bebé** *m.* 赤ん坊，**niño, -a** *mf.* 子供，**chico, -a (muchacho, -a)** *mf.* 子供，若者，**joven** *mf.* 若者，**adulto, -a** *mf.* おとな，**viejo, -a (anciano, -a)** *mf.* 老人

- **個人情報**：**nombre** *m.* 名前，**apellido** *m.* 名字，**dirección** *f.* 住所，**código postal** *m.* 郵便番号，**número de teléfono** *m.* 電話番号，**prefijo** *m.* 市外局番，国番号，**extensión** *f.* 内線，**lugar de nacimiento** *m.* 出生地，**fecha de nacimiento** *f.* 生年月日

Ayacucho (Perú)

Iglesia de la Compañía de Jesús (Cusco, Perú)

Lección 3

● Diálogo

16 Laura : Hoy Antonio y yo preparamos una comida mexicana en casa.

Teresa : ¿Esta noche?

Laura : Sí. ¿Estás libre? A nosotros nos gusta recibir a los amigos en casa.

Teresa : ¡Qué lástima! Debo esperar a unas amigas chilenas en el aeropuerto.

5 Laura : ¿Por qué no las invitas?

Teresa : ¿Invitarlas a ellas?

Laura : Sí. Tal vez a tus amigas chilenas les gustan los tacos y el mole.

Teresa : ¿Qué es el mole?

17 Laura : Es una salsa un poco picante. Lleva chocolate y varios condimentos; lo

10 acompañamos con carne de pollo y arroz.

Teresa : ¿Chocolate en salsa?

Laura : Sí. A mí me encanta. Seguramente a ti y a tus amigas también les

gusta.

Teresa : Bueno. Creo que esto es interesante...

15 Laura : Luego cantamos algunas canciones y bebemos tequila.

Teresa : Me parece perfecto. ¡La comida mexicana me fascina!

Enchilada (México)

La comida mexicana

En la cocina mexicana hay muchos platillos deliciosos. Los mexicanos usan productos autóctonos como el tomate, el chile, el aguacate y el chocolate para preparar una gran variedad de salsas. La base de la alimentación de los mexicanos es el maíz. Las tortillas, los tacos y los tamales son de maíz. Los mexicanos comen
5   carne de cerdo, res o pollo, casi siempre con salsas y tortillas. También son muy populares las bebidas alcohólicas como el tequila y el mezcal, o los jugos de frutas naturales. ¡La comida mexicana es riquísima!

Guacamole (México)

Maguey (México)

Gramática

1 現在．規則活用 Presente de indicativo: conjugación regular

hablar		comer		vivir	
hablo	hablamos	como	comemos	vivo	vivimos
hablas	habláis	comes	coméis	vives	vivís
habla	hablan	come	comen	vive	viven

● 現在における行為や状態，習慣，確実性の高い未来の事柄などを表す．

¿Buscáis un profesor de inglés?

En Cataluña aprenden castellano y catalán en el colegio.

Abro la ventana de mi cuarto.

Los sábados no trabajamos.

2 目的語人称代名詞，前置詞の後の人称代名詞 Pronombres personales: objeto directo, indirecto y después de preposiciones

直接目的語人称代名詞	
me	nos
te	os
lo（男性） la（女性） lo（中性）	los（男性） las（女性）

間接目的語人称代名詞	
me	nos
te	os
le	les

*中性の lo は直前の発話の内容，状況など，文法上の性を特定できない事柄を受けるときに使う．

前置詞の後の人称代名詞	
mí	nosotros / nosotras
ti	vosotros / vosotras
él, ella, usted	ellos, ellas, ustedes

*ただし，con + mí → conmigo，con + ti → contigo となる．

¿Por qué no bailas conmigo?

¿Tus hermanos viven contigo?

1. 目的語人称代名詞は，活用した動詞のすぐ前に置く．否定文をつくる場合，否定の no はさらにその前に置く．

Joaquín prepara un gazpacho delicioso.

→ Joaquín lo prepara.

Mis padres no me comprenden y últimamente discutimos por todo.

2. 間接目的語と直接目的語の人称代名詞が同時に使われるときには，「間接＋直接」の順になる.

Alejandra no me regala su bicicleta. Me la vende.

3. 間接目的語と直接目的語の人称代名詞がともに3人称の場合，間接目的語の le や les は se となる.

Te dejo las llaves en la mesa. → Te las dejo en la mesa.

Le dejo las llaves en la mesa. → Se las dejo en la mesa.

4. 目的語人称代名詞を強調したり，その内容を明示したりするため，「a ＋ 前置詞の後の人称代名詞」または 「a ＋ 名詞」を重複的に加えることがある.

A ti te invitan al concierto.

¿Por qué no le explicas al jefe el motivo de tu viaje?

Les entregamos el premio a Ramón y a José. (les = a Ramón y a José)

5. 目的語人称代名詞は，不定詞や現在分詞（第5課参照）の後ろに直接つけることができる.

Debo terminarlo mañana temprano. / Lo debo terminar mañana temprano.

3 目的語と前置詞 a Los objetos y la preposición *a*

1. 直接目的語が「特定の人」の場合，その前に前置詞 a をつける.

Espero a mi hermana mientras buscas un taxi.

2. 間接目的語の前には，常に前置詞 a をつける.

Ellos le mandan un paquete de libros a David.

4 gustar 型動詞 Verbos del tipo *gustar*

間接目的語人称代名詞 ＋ 動詞 gustar ＋ 主語（物・人・事柄）

《「主語」は「間接目的語人称代名詞」にとってのお気に入りである.》
→《「間接目的語人称代名詞」は「主語」が好きだ.》

Me gusta tu chaqueta.

Me gustas mucho.

Nos gusta recorrer la ciudad.

1. 「a ＋ 前置詞の後の人称代名詞」または 「a ＋ 名詞」を前に加え，間接目的語人称代名詞を強調したり，その内容を明示したりする.

A mí me gusta leer novelas. ¿A ti también te gusta?

A Pedro no le gustan las obras de Picasso.

（強調・明示）間接目的語人称代名詞	動詞	文法上の主語
(A mí) me (A ti) te (A él / A ella / A usted / A Eva) le	gusta	el béisbol la profesora cocinar
(A nosotros /-as / A Eva y a mí) nos (A vosotros /-as / A Eva y a ti) os (A ellos / A ellas / A ustedes / A mis padres) les	gustan	las manzanas los niños el viaje y la lectura

2. gustar と同類の動詞：importar, interesar, apetecer など

    A mi hijo no le interesa la política.

    Me apetece una tortilla española.

5 指示詞 Demostrativos

1. 指示形容詞

    ● 名詞の前に置かれ，名詞の性・数に一致する.

意味	この	これらの	その	それらの	あの	あれらの
	単数	複数	単数	複数	単数	複数
男性	este	estos	ese	esos	aquel	aquellos
女性	esta	estas	esa	esas	aquella	aquellas

    este árbol, esta planta, esos árboles, esas plantas, aquel árbol...

    ¿Quién es ese hombre?   — ¿Cuál? Ah, es mi tío.

2. 指示代名詞

    (1) 指示形容詞と同じ形を用いる.

    (2) アクセント記号をつけることがある：éste, ésta, éstos, éstas...

    (3) 指している名詞の性・数に一致する.

        Este es mi paraguas. ¿Cuál es el tuyo?   — Es aquel.

        Esta caja es para ti y esa es para tu hermano.

    (4) esto（これ），eso（それ），aquello（あれ）という中性形があり，不明のものや抽象的な事柄を指すのに用いる.

        ¿Qué es aquello?   — Es un templo budista.

        Esto es todo.

1. 下線部に適切な目的語人称代名詞を入れなさい.

1. Mi esposo siempre _____ envía un mensaje antes de regresar a casa.

   私の夫は帰宅前にいつも私にメッセージを送ります.

2. Tus amigos _____ reciben en la estación.

   君の友人たちは駅で君を出迎えます.

3. _____ regalo a mi padre una corbata para su cumpleaños.

   私は父の誕生日にネクタイをプレゼントします.

4. ¿_____ ayudas a preparar el guacamole para la cena?

   夕食のために私がワカモレを作る手伝いをしてくれませんか？

2. 下線部に適切な人称代名詞を入れなさい.

1. A_____ _____ gusta cantar en el karaoke.

   私たちはカラオケで歌うのが好きです.

2. A Julieta no _____ gustan las zapatillas deportivas.

   フリエタはスポーツシューズが好きではありません.

3. A _____ no _____ gustan las verduras. _____ encanta la

   carne. 私は野菜が好きではありません. 肉が大好きです.

4. ¿A_____ _____ apetecen unos tacos?

   君はタコスを食べたいですか？

3. この課の Diálogo と Lectura の内容に関連した以下の質問にスペイン語で答えなさい.

1. ¿Con qué acompañan el mole?

2. ¿Qué les gusta a Laura y Antonio?

3. ¿Qué cocinan ellos para la cena?

4. ¿Cuál es la base de la alimentación de los mexicanos?

4. 次の文をスペイン語に訳しなさい.

1. 私は水泳 (nadar) とスキー (esquiar) が好きです.

2. 日本人の主食は米だ.

3. 私たちは彼らのためにワインを一本買います.

4. ワカモレには, アボカド, トマト, タマネギ (cebolla), その他の食材 (otros ingredientes) が入っている.

Paella (España)

Vocabulario

- **食事**：**desayuno** *m.* 朝食，**comida** *f.* 昼食（スペイン），食事一般，**almuerzo** *m.* 昼食（ラ米），**cena** *f.* 夕食，**desayunar** 朝食を取る，**almorzar** 昼食を取る，**cenar** 夕食を取る

- **飲み物**：**bebida** *f.* 飲み物，**agua** *f.* 水，**agua mineral** ミネラル・ウォーター，**agua con gas / sin gas** 炭酸水／炭酸を含まない水，**té** *m.* 茶，**café** *m.* コーヒー，**café solo (negro)** ブラックコーヒー，**café con leche** ミルクコーヒー，**cerveza** *f.* ビール，**vino** *m.* ワイン，**hielo** *m.* 氷，**zumo (jugo)** *m.* ジュース

- **食べ物や調味料**：**alimento** *m.* 食品，**carne** *f.* 肉，牛肉，**ternera (res)** *f.* 牛，**cerdo** *m.* 豚，**pollo** *m.* 鶏，**jamón** *m.* ハム，**pescado** *m.* 魚，**salmón** *m.* サケ，**sardina** *f.* イワシ，**atún** *m.* マグロ，**marisco** *m.* （魚以外の）海産物，**gamba** *f.* (**camarón** *m.*) エビ，**pulpo** *m.* タコ，**almeja** *f.* アサリ，ハマグリ，**huevo** *m.* 卵，**pan** *m.* パン，**bocadillo** *m.* バゲットのサンドイッチ，**sandwich** *m.* 食パンのサンドイッチ，**hamburguesa** *f.* ハンバーグ，ハンバーガー，**verdura** *f.* 野菜，**lechuga** *f.* レタス，**patata (papa)** *f.* ジャガイモ，**tomate** *m.* トマト，**zanahoria** *f.* ニンジン，**fruta** *f.* 果物，**manzana** *f.* リンゴ，**naranja** *f.* オレンジ，**plátano** *m.* バナナ，**queso** *m.* チーズ，**yogur** *m.* ヨーグルト，**mantequilla** *f.* バター，**mayonesa** *f.* マヨネーズ，**salsa** *f.* ソース，**pasta** *f.* パスタ，**arroz** *m.* 米，ごはん，**chocolate** *m.* チョコレート，**azúcar** *m.f.* 砂糖，**sal** *f.* 塩，**pimienta** *f.* 胡椒，**aceite** *m.* 油，**vinagre** *m.* 酢

- **規則活用の動詞の例**：

  -ar動詞 **comprar** 買う，**escuchar** 聴く，**esperar** 待つ，**estudiar** 勉強する，**llamar** 呼ぶ，**llegar** 到着する，**mandar** 命じる，**preguntar** 質問する，**quedar** 残る，**tomar** 取る，**trabajar** 働く，**viajar** 旅行する

  -er動詞 **aprender** 学ぶ，**beber** 飲む，**comprender** 理解する，**correr** 走る，**deber** ～しなければならない，**temer** 恐れる，**vender** 売る

  -ir動詞 **abrir** 開く，**cubrir** 覆う，**dividir** 分ける，**escribir** 書く，**partir** 出発する，**recibir** 受け取る，**subir** 上る

Lección 4

Diálogo

19

Akari :	¡Qué lugar tan bonito! ¿Dónde queda?
Elvira :	Ah, ¿no lo sabes? Esta es una fotografía de Machu Picchu, unas ruinas incaicas de Perú.
Akari :	¿Vas a viajar a Perú?
5 Elvira :	Sí. Pienso visitar varias ciudades en agosto, cuando allá es invierno. Quiero conocer Cusco y Machu Picchu, que son Patrimonio de la Humanidad.
Akari :	¿Son sitios muy antiguos?
Elvira :	Sí. En ambos hay construcciones incaicas y tienen una historia muy interesante.

20 10

Akari :	Ya lo creo. Para ser Patrimonio de la Humanidad los lugares deben tener valor histórico o natural.
Elvira :	Machu Picchu es una ciudadela que está en lo alto de una montaña.
Akari :	¿Es más alta o menos alta que el Monte Fuji?
Elvira :	Es menos alta. Para llegar hay que salir desde Cusco en tren, que es la ciudad más turística de Perú.
15	
Akari :	¿Cuántos días vas a estar allí?
Elvira :	Solo dos semanas. Voy a aprovechar la estancia para conocer otros lugares cercanos.

Cataratas del Iguazú

Patrimonio de la Humanidad

Son lugares que poseen un gran valor histórico, natural y cultural. Hay muchos en todo el mundo. Una gran cantidad de personas viaja para conocer y apreciar su belleza. Cuando visitamos esos lugares debemos atender las recomendaciones y cuidarlos para las futuras generaciones.

5 Son muy atractivos aquellos sitios declarados Patrimonio de la Humanidad. Entre los más visitados en América Latina están Teotihuacán, en México; el Parque Nacional Tikal, en Guatemala; el Parque Nacional Canaima, en Venezuela y las Cataratas del Iguazú, que quedan entre Brasil, Paraguay y Argentina. Hay muchos otros en distintos países. Todos estos lugares tienen algo especial, algunos son más grandes, otros más

10 antiguos, pero ninguno es menos importante. ¡Vamos a conocerlos!

Machu Picchu (Perú)

Gramática

1 現在．不規則活用 Presente de indicativo: conjugación irregular

1. 語根母音変化動詞

- 活用のさい，アクセントがかかる語根の母音が以下のように変化する．
- 活用語尾は規則活用と同じ．

(1) 〈e → ie〉　　　　(2) 〈o → ue〉　　　　(3) 〈e → i〉

pensar		poder		pedir	
p**ie**nso	pensamos	p**ue**do	podemos	p**i**do	pedimos
p**ie**nsas	pensáis	p**ue**des	podéis	p**i**des	pedís
p**ie**nsa	p**ie**nsan	p**ue**de	p**ue**den	p**i**de	p**i**den

同類の動詞	同類の動詞	同類の動詞
recomendar	contar	repetir
querer	encontrar	servir
sentir	dormir	seguir

(4) 〈u → ue〉

jugar のみ：j**ue**go, j**ue**gas, j**ue**ga, jugamos, jugáis, j**ue**gan

2. 1人称単数形のみが不規則な動詞

(1) 1人称単数形が -zco, -go, -igo で終わるもの．

〈-zco 型〉　　　　〈-go 型〉　　　　〈-igo 型〉

conocer		salir		caer	
conozco	conocemos	**salgo**	salimos	**caigo**	caemos
conoces	conocéis	sales	salís	caes	caéis
conoce	conocen	sale	salen	cae	caen

同類の動詞	同類の動詞	同類の動詞
producir → produzco	poner → pongo	traer → traigo
parecer → parezco	hacer → hago	

(2) 1 人称単数形が -zco, -go, -igo の型から外れるもの.

saber		ver		dar	
sé	sabemos	**veo**	vemos	**doy**	damos
sabes	sabéis	ves	veis	das	dais
sabe	saben	ve	ven	da	dan

同類の動詞

caber → quepo, cabes, cabe, cabemos, cabéis, caben

3. 1 人称単数形が不規則で，なおかつ語根母音が変化する動詞

〈e → ie〉　　　　　〈e → i〉

tener		decir	
tengo	tenemos	**digo**	decimos
t*ie*nes	tenéis	d*i*ces	decís
t*ie*ne	t*ie*nen	d*i*ce	d*i*cen

同類の動詞

venir → vengo, vienes, viene, venimos, venís, vienen

4. その他の不規則動詞

construir		oír		ir	
construyo	construimos	**oigo**	**oímos**	**voy**	**vamos**
construyes	construís	**oyes**	oís	**vas**	**vais**
construye	construyen	**oye**	**oyen**	**va**	**van**

同類の動詞

concluir → concluyo, concluyes, concluye, concluimos, concluís, concluyen

Quiero saber de dónde son los cantantes.

Dicen que el chorizo de España es muy rico.

Los domingos juego al fútbol sala con mis compañeros.

Le pido un favor: ¿puede bajar un poco el volumen de sus audífonos?

Tengo que decirte una cosa... pero no es para ofenderte.

¿Qué piensas hacer este fin de semana? ― El sábado vamos a organizar una fiesta.

2 関係詞　Relativos

1. 関係代名詞 que

(1) 先行詞は「人」でも「物」でもよい．限定用法と説明用法がある．

Tengo dos hermanos que viven en Houston y una hermana en Austin.

Tengo tres hermanos, que viven en Texas.

Me importan mucho los consejos que siempre me dais.

(2) 独立用法：先行詞を含みこんだ関係詞の用法．

1) 関係詞が指す「人」や「物」の性・数に応じて el que, la que, los que, las que と変化する．

Yo no bailo flamenco.　La que baila flamenco es mi hermana.

2) 関係詞が抽象的な「事柄」を指す場合には，lo que を用いる（lo は定冠詞の中性形）．

No comprendo lo que dice usted.

2. 関係副詞 donde：先行詞は「場所」

Esta es la tienda donde puedes conseguir la tortilla de maíz auténticamente mexicana.

3 比較級・最上級　Comparativo. Superlativo

1. 比較級

優等比較：más ＋ 形容詞／副詞 ＋ que… [de…]

劣等比較：menos＋ 形容詞／副詞 ＋ que… [de…]

同等比較：tan ＋形容詞／副詞 ＋ como…

数量の同等比較：tanto (-a / -os / -as) ＋（名詞）＋ como…

Tu ropa es más cara que la mía.

Salgo de la oficina más tarde que mis colegas.

Poder olvidar es tan importante como poder recordar.

Un atún que pesa doscientos kilogramos cuesta tanto como un carro nuevo.

＊比較の対象が数量や「lo que ＋ 関係代名詞節」のとき，「〜よりも」を表す que…は de…になる．

Nuestro jefe lee más de cinco periódicos cada día.

Este asunto parece ser más complejo de lo que crees.

● 不規則な比較級

「más + 形容詞／副詞」の代わりに，以下の不規則形を用いる.

形容詞	副詞	比較級
mucho	mucho	más
poco	poco	menos
bueno	bien	mejor
malo	mal	peor
grande	—	mayor
pequeño	—	menor

Hay mucho tráfico. Es mejor ir en tren.

＊mayor, menor は年齢や規模など，抽象的な大小について使われ，物理的な大小については，規則的な比較級 más grande, más pequeño が使われる.

Ella es mayor que yo.

Este problema tiene una importancia mayor que aquel.

Mi habitación es más pequeña que la tuya.

2. 形容詞の最上級

定冠詞（＋ 名詞）＋ más ＋ 形容詞 ＋ de...

A tu lado soy la persona más feliz del mundo.

Federico es el menor de mis tres hijos.

Lo mejor de la vida es saber disfrutarla.

4 無主語文 Oraciones sin sujeto

● 以下の表現では，動詞の３人称の活用形が使われるが，主語はない.

1. 自然現象や時の表現

¿Qué tiempo hace hoy?

Hoy hace un poco de frío aunque no hay viento.

Llueve mucho en el mes de junio en Tokio.

Algunos opinan que es demasiado pronto para depender completamente de las energías renovables.

Ya está oscuro. Vamos a volver al hotel.

2. 時刻の表現

¿Qué hora es?　— Son las cinco de la tarde.

¿Es la una?　— No, son las dos.

　　☞¿A qué hora empieza la clase?　— Empieza a las ocho y media de la mañana.

3. その他

Basta de hablar de planes: hay que pasar a la acción ya.

1. 不規則動詞を適切に活用させて下線部に記入し，文を完成させなさい.

    1. Yo no ＿＿＿＿＿＿＿ el Lago de Maracaibo, pero ＿＿＿＿＿＿＿ que está en Venezuela.

      私はマラカイボ湖に行った (conocer) ことはありませんが，それがベネズエラにあるということは知っています.

    2. Mañana ＿＿＿＿＿＿＿ un partido de tenis y ＿＿＿＿＿＿＿ muy temprano.

      明日私たちはテニスの試合があるのでとても早く出かけます.

    3. Siempre me ＿＿＿＿＿＿＿ algunos dulces cuando ＿＿＿＿＿＿＿ a casa.

      いつも君は家に来るときになにかスイーツを持ってきてくれますね.

    4. Liliana ＿＿＿＿＿＿＿ a su novio casi todos los días, y cuando no ＿＿＿＿＿＿＿, habla con él por teléfono.

      リリアナはほぼ毎日恋人に会っているが，会えない時には電話で話す.

2. 下線部に適切な動詞を不定詞または活用させた形で入れ，文を完成させなさい.

    1. ¿Adónde ＿＿＿＿＿＿＿ ＿＿＿＿＿＿＿ durante las vacaciones de verano?

      夏休みにあなたはどちらに旅行に行く予定ですか？

    2. ＿＿＿＿＿＿＿ que estudiar mucho para aprobar el curso de español.

      スペイン語の授業の単位を取るために私はたくさん勉強しなければならない.

    3. La empresa de su padre ＿＿＿＿＿＿＿ carreteras.

      彼の父親の会社は，道路を建設している.

    4. ＿＿＿＿＿＿＿ que el queso de La Mancha es uno de los mejores de España.

      ラ・マンチャ産のチーズは，スペインで最も質のよいチーズのひとつだと言われている.

3. この課の Diálogo と Lectura の内容に関連した以下の質問にスペイン語で答えなさい.

    1. ¿Cuál es más alto, el Monte Fuji o Machu Picchu?

2. ¿Qué lugares piensa visitar Elvira en Perú?

3. ¿Cuáles son los lugares Patrimonio de la Humanidad más visitados en América Latina?

4. ¿Cómo llegan los turistas a Machu Picchu?

4. 次の文をスペイン語に訳しなさい.

1. 私が買おうとしているギターはこれです.

2. 日本には他にもっと面白い観光地がありますよ.

3. 良い指導者 (líder) になるためには，寛容さ (la generosidad) と忍耐力 (la paciencia) を持つ必要がある.

4. 私は春休みを利用して運転免許 (el carné de conducir) を取る (sacar) つもりだ.

Vocabulario

- **地理に関する語彙**：**universo** *m.* 宇宙，世界，**espacio** *m.* 宇宙，空間，**la Tierra** *f.* 地球，**mundo** *m.* 世界，**continente** *m.* 大陸，**frontera** *f.* 国境，境界，**país** *m.* 国，**pueblo** *m.* 村，**región** *f.* 地方，**Estado** *m.* 国家，州，**provincia** *f.* 県，州，**prefectura** *f.* 県，**municipio** *m.* 市町村，**ciudad** *f.* 都市，**campo** *m.* 田園，**capital** *f.* 首都，**montaña** *f.* 山，**sierra** *f.* 連山，**cordillera** *f.* 山脈，**océano** *m.* 大洋，**mar** *m.* 海，**río** *m.* 川，**playa** *f.* ビーチ，**costa** *f.* 沿岸，**isla** *f.* 島，**península** *f.* 半島，**desierto** *m.* 砂漠，**bosque** *m.* 森，**centro** *m.* 中心街，**plaza** *f.* 広場，**barrio** *m.* 街区，**calle** *f.* 街路，**avenida** *f.* 大通り，**carretera** *f.* 幹線道路，**autopista** *f.* 高速道路，**paseo** *m.* 遊歩道，**camino** *m.* 道

- **場所の特徴**：**cosmopolita** 国際的な，**global** グローバルな，**local** ローカルな，**urbano** 都会的な，**rural** 田舎の，**regional** 地方の，**abierto** 開放的な，営業中の，**cerrado** 閉鎖的な，閉店中の，**industrial** 工業的な，**comercial** 商業的な，**cultural** 文化的な，**antiguo** 古い，**histórico** 歴史ある，**moderno** 近代的な，**universitario** 大学の，**tranquilo** 静かな，**ruidoso** 騒々しい，**animado** 活気ある，**decaído** 衰退した，**de moda** 流行の，**popular** 人気ある，大衆的な

Bogotá (Colombia)

Quibdó (Colombia)

35

Lección 5

Diálogo

Rolando : ¿A ti te gusta el fútbol?

Marco : Sí, he visto algunos partidos de la Liga Española. Me gusta mucho el ambiente de los estadios. ¿Y a ti te agrada el fútbol?

Rolando : No mucho. Prefiero el béisbol. Es el deporte más popular de mi país.
5   Sobre todo me gusta cuando está jugando mi equipo preferido, aunque a veces me pongo muy nervioso.

Marco : ¿Has ido a ver algún juego de béisbol en el estadio?

Rolando : Sí, he visto algunos partidos. Pero últimamente solo los he seguido por la televisión. Me gusta escuchar los comentarios que hacen los narradores.

10 Marco : El fútbol y el béisbol se han convertido en deportes muy populares, ¿verdad?

Rolando : Así es; cada día hay más aficionados en todo el mundo.

Marco : ¿Quieres ver un partido de fútbol en el Santiago Bernabéu? Estoy pensando en ir. Es como un sueño.

15 Rolando : Hablando de sueños, yo desde hace tiempo sueño con jugar en la Serie del Caribe.

Marco : Soñar es vivir. Nos vemos pronto. Adiós.

Dos deportes populares

25

El fútbol y el béisbol son los deportes que despiertan más pasiones en el mundo hispano. Al igual que en otros países, el fútbol atrae a grandes masas de espectadores a los estadios y muchos siguen los juegos a través de la radio y la televisión. En casi todos los países de América Latina, como en España, el fútbol es el rey de los

5 deportes. Sin embargo, en América también el béisbol es muy popular y hay importantes campeonatos, entre ellos, el de las Grandes Ligas en los Estados Unidos y la Serie del Caribe, donde compiten los equipos campeones de México, Puerto Rico, República Dominicana y Venezuela.

Estadio Santiago Bernabéu (Madrid)

Gramática

1 不定詞，現在分詞，過去分詞 Infinitivo, Gerundio, Participio pasado

1. 不定詞：動詞を名詞的に使うときの形で，辞書の見出しの形．男性単数名詞として扱われる．

   (1) 文中で主語・補語・目的語になる．

      Ver es creer.

      Reír mucho es bueno para la salud.

   (2) 前置詞の後で用いられる．

      Mi novio trabaja sin descansar.

   (3) 疑問詞の後に用いられると，「～するべきか」という意味になる．

      No sé qué decirte.

   (4) 使役・放任・感覚を表す動詞とともに用いられる．

      Juan siempre nos hace esperar.

      Mis padres no me dejan salir por la noche.

      Oigo cantar a María cada mañana.

2. 現在分詞：動詞を副詞的に使うときの形．語尾変化はない．

   ● 不定詞の語尾を-ar 動詞では -ando に，-er 動詞と -ir 動詞では -iendo に変えてつくる．

hablar → hablando   comer → comiendo   vivir → viviendo

   ● 語根母音変化動詞の -ir 動詞は，語根母音の e が i に，o が u に変化する．

pedir → pidiendo	dormir → durmiendo
sentir → sintiendo	decir → diciendo
venir → viniendo	

   ＊ir は yendo, poder は pudiendo となる．

   ＊不定詞が「母音 ＋ -er / -ir」で終わる動詞では，語尾を -yendo に変える．

   construir → construyendo　　　caer → cayendo

   (1) 動詞を修飾し，動詞の行為と同時に起きている行為を表す．

      El tiempo pasa volando.

   (2) 現在分詞構文を構成し，時・条件・理由・譲歩などを示す．

      Colaborando todos, podemos acabar el trabajo a tiempo.

      ¿Viviendo en España desde hace un año, todavía no conocéis Andalucía?

   (3) 感覚動詞とともに用いられる．

      Cada tarde veo al artista caminando por esta calle.

   (4) estar とともに進行形をつくる．

      ¿Qué estás haciendo?　—— Estoy esperando el autobús.

3. 過去分詞：動詞を形容詞的に使うときの形．修飾する名詞の性・数に従って変化する．

● 不定詞の語尾を -ar 動詞では -ado に，-er 動詞と -ir 動詞では -ido に変えてつくる．

| hablar → habl**ado** | comer → com**ido** | vivir → viv**ido** |

● 過去分詞の不規則形：-to で終るものと -cho で終るものがある．

abrir	→	abier**to**		resolver	→	resuel**to**
cubrir	→	cubier**to**		romper	→	ro**to**
descubrir	→	descubier**to**		ver	→	vis**to**
escribir	→	escri**to**		volver	→	vuel**to**
morir	→	muer**to**		decir	→	di**cho**
poner	→	pues**to**		hacer	→	he**cho**

（1）名詞を修飾する．

　　el mes pasado, hojas caídas, un teléfono roto

（2）主語や直接目的語の補語になる．

　　A veces llegamos muy cansados a la oficina.

　　Te veo preocupada.

（3）「ser＋過去分詞」で受け身の文をつくる．行為者は前置詞 por で示される．

　　La obra de ese escritor es leída solamente por críticos literarios.

　　　☞Leen la obra de ese escritor solamente críticos literarios .

　　＊「ser＋過去分詞」が「行為」を示すのに対し，「estar＋過去分詞」は行為が行われた後の「状態」を示す．

　　　La comida ya está preparada.

2 現在完了　Pretérito perfecto compuesto de indicativo

| haber の現在（不規則活用）＋ 過去分詞 |

＊完了形の中で使われる過去分詞は，性・数の変化をしない．

hablar	
he hablado	hemos hablado
has hablado	habéis hablado
ha hablado	han hablado

● 以前の出来事を現在との関係で捉えるときに用いられる．

1. 以前の出来事が現在において「完了」していることを示す．

　　¿Ya has leído esta novela?　— No, todavía no la he leído.

2. 以前の出来事が現在において「経験」として認識されていることを示す.

   ¿Habéis estado alguna vez en Perú?

3. 以前の出来事が現在まで「継続」していることを示す.

   Durante una semana no he hablado con mi madre.

4. 現在を含む期間内（今日，今月，今年など）に起きた出来事を示す（主にスペインで）.

   Este año hemos invertido mucho dinero en infraestructura.

3 再帰動詞の基本用法　Verbos reflexivos

● 主語と目的語人称代名詞が同一の人や物になるとき，その代名詞を「再帰代名詞」と呼ぶ．再帰代名詞をともなう動詞が「再帰動詞」である.

　Me levanto.「私は私自身を起こす.」→「私は起きる.」

　　☞ Te levanto.「私は君を起こす.」

＊再帰代名詞は3人称では単数も複数も共に se になる．3人称以外は目的語の人称代名詞と同じ形が使われる．再帰動詞の不定詞は3人称の se を付けて表示する.

levantarse			
me	levanto	nos	levantamos
te	levantas	os	levantáis
se	levanta	se	levantan

1. 直接再帰：再帰代名詞が動詞の直接目的語として働く.

   Mi hermano se mira mucho en el espejo.

   ¿Cómo te llamas?

2. 間接再帰：再帰代名詞が動詞の間接目的語として働く.

   Hace mucho sol. ¿Por qué no te pones el sombrero?

   ¿Ya os habéis lavado las manos?

3. 自動詞化：他動詞が再帰動詞になることで自動詞になる.

   Fernando se acuesta siempre muy temprano.

   Beatriz se ha puesto enferma por trabajar demasiado.

4. 相互：「お互いに〜する」という意味になる．主語は必ず複数.

   Los estudiantes se ayudan entre ellos (= mutuamente).

5. 強意・転意：「～してしまう」というふうに動詞の意味を強めたり，ニュアンスを変えたりする.

　　¿Ya te vas? 　— No, todavía me quedo un rato más.

　　Me muero de hambre.

6. 再帰動詞としてのみ使われる動詞

　　Jesús siempre se queja de su mala suerte.

　　Nadie se atreve a decirle la verdad.

1. 太字の動詞（不定詞）を不定詞，現在分詞，過去分詞のいずれかにしなさい．

    1. Llevo medio año **aprender** ＿＿＿＿＿＿ español.

    2. Es la hora de **almorzar** ＿＿＿＿＿＿.

    3. Cada día va **hacer** ＿＿＿＿＿＿ más calor.

    4. Todos los factores deben ser **analizar** ＿＿＿＿＿＿ antes de realizar un proyecto.

2. 次の質問に（　　）内の表現を用いて答えなさい．

    1. ¿Ya han reservado ustedes habitaciones en algún hotel?　(no, todavía)

    2. ¿Ha visitado usted España alguna vez?　(no, nunca)

    3. ¿Qué habéis hecho esta mañana?　(estudiar inglés)

    4. ¿Nos hemos equivocado de camino?　(no)

3. 次の文が答えとなるような，疑問詞を用いた疑問文をつくりなさい．

    1. Nos comunicamos por el móvil.

    2. Yo me llamo Silvio, y mi hermano Diego.

    3. Generalmente me levanto a las seis y media.

    4. Me arrepiento de no haber venido ayer.

4. 次の文をスペイン語に訳しなさい.

1. ラウラは自分のひいきのチームの試合を見ると（ver を現在分詞で用いる）, いつもとてもどきどきする.

2. ラテンアメリカの歌手のコンサートに君は行ったことがある？

3. 肉と魚, あなたはどちらを好みますか？

4. 私はいつの日か（algún día）クスコの街のインカの壁（los muros incaicos）を見に行くことを夢見ている.

Muros incaicos (Cusco, Perú)

Vocabulario

- スポーツ：**correr** 走る，**nadar** 泳ぐ，**esquiar** スキーをする，**patinar** スケートをする，**hacer deporte / ejercicio / gimnasia** スポーツをする／運動をする／体操をする，**jugar al fútbol / al béisbol / al tenis / al baloncesto** サッカーをする／野球をする／テニスをする／バスケットボールをする，**senderismo** *m.* ハイキング，**piscina** *f.* プール，**estadio** *m.* スタジアム，**partido** *m.* 試合，**equipo** *m.* チーム，**Olimpiadas** *f. pl.* オリンピック

- 日常生活：**ducharse** シャワーを浴びる，**bañarse** 風呂に入る，**afeitarse** ひげを剃る，**peinarse** 髪をとかす，**lavarse los dientes / las manos** 歯を磨く／手を洗う，**sentarse** 座る，**andar** 歩く，**subir** 上がる，**bajar** 下がる

- 身体：**cabeza** *f.* 頭，**pelo** *m.* 髪の毛，**cara** *f.* 顔，**ojo** *m.* 目，**nariz** *f.* 鼻，**oreja** *f.* 耳，**boca** *f.* 口，**diente** *m.* 歯，**muela** *f.* 奥歯，**garganta** *f.* 喉，**brazo** *m.* 腕，**mano** *f.* 手，**dedo** *m.* 指，**pierna** *f.* 脚，**pie** *m.* 足，**estómago** *m.* 胃，**espalda** *f.* 背中

- 動詞 tener を用いた表現：**tener + calor / frío / sueño / sed / hambre / miedo** 暑い／寒い／眠い／喉が渇いた／お腹が空いた／怖い
  tener + fiebre / gripe / alergia / tos 熱がある／インフルエンザにかかっている／アレルギーがある／咳が出る
  tener dolor de cabeza / de espalda / de estómago 頭が痛い／背中が痛い／胃が痛い

- 医療・衛生：**ir al hospital / al médico** 病院に行く／医者にかかる，**ambulancia** *f.* 救急車，**urgencias (emergencias)** *f. pl.* 救急センター，**farmacia** *f.* 薬局，**tomar una medicina (un medicamento)** 薬を飲む，**jabón** *m.* 石けん，**toalla** *f.* タオル，**champú** *m.* シャンプー，**crema** *f.* クリーム，**colonia** *f.* オーデコロン，**desodorante** *m.* 消臭剤，**cepillo** *m.* ブラシ，**pasta de dientes** *f.* 歯磨き粉

Niñas del pueblo indígena jivi (Puerto Ayacucho, Venezuela)

Bogotá (Colombia)

Lección 6

Diálogo

	Ichiro :	Hola, ¿qué tal te fue el fin de semana?
26	Patricia :	¡Hola! Lo pasé muy bien. Fui a bailar con un amigo colombiano.
	Ichiro :	¿A bailar?
	Patricia :	Sí, música latina, sobre todo merengue. ¡Me encanta!
5	Ichiro :	¿Ah, sí?, ¿te gusta el merengue? ¡Qué sorpresa! ¿Quién es tu cantante favorito?
	Patricia :	Juan Luis Guerra; es de República Dominicana y es muy famoso en todo el mundo hispano.
27	Ichiro :	Claro, el otro día escuchamos una canción suya en la clase de conversación…
10	Patricia :	¿Y tú escuchas música en español?
	Ichiro :	¡Cómo no! Me gustan mucho Juanes y Shakira; son colombianos. Hace años fui a un concierto de Juanes en Bogotá.
	Patricia :	¿De verdad?, ¿y cómo estuvo?
15	Ichiro :	¡Buenísimo, estuvo increíble!

Juan Luis Guerra (República Dominicana)

Del Caribe a Nueva York: la historia de la salsa

Los orígenes de la salsa se remontan a finales del siglo XIX en las islas del Caribe. Allí la música hispana y la de los africanos esclavizados se mezclaron, dando lugar al ritmo nacional cubano: el son. De ahí nacieron el cha-cha-chá y el mambo, entre otros. Todos estos constituyen la base de la salsa.

5 En la primera mitad del siglo XX muchos latinoamericanos emigraron a Nueva York buscando una vida mejor, especialmente puertorriqueños y cubanos. Muchos músicos se unieron a numerosas bandas y orquestas desde 1950. Luego se consolidó lo que a partir de los años setenta se empezó a conocer como "salsa", que permitió expresar la identidad de esta nueva generación de latinos.

10 A mediados de los setenta, gracias a músicos como el dominicano Johnny Pacheco, el panameño Rubén Blades y el neoyorquino de origen puertorriqueño Willie Colón, se impulsó la comercialización de la salsa. Fue así como la música latina se hizo popular en todo el mundo. Hoy en día la salsa sigue transmitiendo el ritmo y el sabor de la cultura hispana en muchos países.

Septeto sonero (Santiago de Cuba)

1 点過去．規則活用 Pretérito perfecto simple: conjugación regular

hablar	
habl**é**	habl**amos**
habl**aste**	habl**asteis**
habl**ó**	habl**aron**

comer		vivir	
com**í**	com**imos**	viv**í**	viv**imos**
com**iste**	com**isteis**	viv**iste**	viv**isteis**
com**ió**	com**ieron**	viv**ió**	viv**ieron**

＊不定詞が「母音＋-er / -ir」で終わる動詞は，3人称で活用語尾の i が y になる（アクセント記号にも注意）．

leer: leí, leíste, leyó, leímos, leísteis, leyeron

oír: oí, oíste, oyó, oímos, oísteis, oyeron

● 過去の行為や状態をひとまとまりの「完結したもの」として表す．

Ayer unos amigos peruanos me invitaron a comer ceviche.

Al verme, el señor se quitó el sombrero y me saludó.

Viví varios años en el extranjero.

2 点過去．不規則活用 Pretérito perfecto simple: conjugación irregular

1. 語根母音変化動詞（-ir 動詞のみ）

● 語根母音変化動詞の -ir 動詞は，3人称の単数と複数で語根母音の e が i に，o が u に変化する．活用語尾は規則活用と同じ．なお，語根母音変化動詞の -ar 動詞と -er 動詞は，点過去では語根母音は変化しない．

sentir		dormir		pedir	
sentí	sentimos	dormí	dormimos	pedí	pedimos
sentiste	sentisteis	dormiste	dormisteis	pediste	pedisteis
s**i**ntió	s**i**ntieron	d**u**rmió	d**u**rmieron	p**i**dió	p**i**dieron

2. 強変化動詞

saber	
supe	supimos
supiste	supisteis
supo	supieron

● これら一連の動詞では，1人称単数形は次のようになる.

andar	→ anduve		hacer	→ hice
estar	→ estuve		querer	→ quise
haber	→ hube		venir	→ vine
poder	→ pude		poner	→ puse
tener	→ tuve			

● 2人称単数以下は，ここから語末の -e を取り，-iste, -o, -imos, -isteis, -ieron という活用語尾をつけてつくる.

＊ただし，1人称単数形が -je で終わる（語根が j で終わる）強変化動詞は，3人称複数の活用語尾が -ieron ではなく -eron になる.

traer → traje, trajiste, trajo, trajimos, trajisteis, traj**eron**

decir → dije, dijiste, dijo, dijimos, dijisteis, dij**eron**

同類の動詞：producir → produje; conducir → conduje

＊haber の点過去は，今日では3人称単数形 (hubo) に限って用いられ，「（不特定の）何々がいた，あった」という意味を表す（第2課 8 参照）.

Anoche hubo un apagón en esa zona de la ciudad.

3. その他の不規則動詞

dar		ser / ir	
di	dimos	fui	fuimos
diste	disteis	fuiste	fuisteis
dio	dieron	fue	fueron

＊ser と ir は点過去では活用が同じになる.

Recién ayer supe la verdad.

Ana María se puso pálida cuando oyó la noticia.

Anoche me dio un fuerte dolor de cabeza.

— ¿Fuiste al médico?

Él fue mi profesor de español el año pasado.

3 再帰動詞の3人称用法

1. 再帰受身　Oraciones pasivas reflejas

● 能動態の文章で他動詞の直接目的語だったものが再帰動詞の主語となり，受け身の意味になる．主語になるのは「物」であり，「人」は主語にならない．行為者を明示する必要がない場合に用いられる．

En esta feria se vende artesanía indígena de toda clase.

Aquí no se respetan las reglas de tránsito.

2. 不定主語　Oraciones impersonales reflejas

● 再帰代名詞 se が「一般的な人」を表す主語のように働き，「人は～する」という意味になる．動詞はつねに3人称単数．

¿Cuánto tiempo se tarda de Madrid a Barcelona en tren?

En esta ciudad se vive bien.

1. 太字の不定詞を点過去の適切な形に活用させなさい.

    1. Parece que usted no **cerrar** _____ bien la puerta cuando **salir** _____ de la casa.

    2. ¿Cuánto te **costar** _____ el billete a Londres? —No lo recuerdo bien, pero creo que **pagar** _____ unos mil euros.

    3. Después de la independencia, los países latinoamericanos **convertirse** _____ en exportadores de materias primas.

    4. ¿Qué te **decir** _____ ellos de mí? ¿Y por qué los **creer** _____?

2. 次の質問に（   ）内の表現を用いて答えなさい.

    1. ¿Hablaste anoche con Elena sobre el asunto?　(sí)

    2. ¿Dónde cenasteis el viernes?　(el restaurante italiano de la esquina)

    3. ¿Cómo se sintieron ustedes por los comentarios negativos que les hicieron? (ofendidos)

    4. ¿Dónde estuviste anoche?　(el cine)

3. 次の質問に（   ）内の表現を用いて答えなさい.

    1. ¿Cuántos idiomas se hablan en Bolivia?　(oficialmente, treinta y siete)

    2. ¿Crees que se respeta a los ancianos en tu país?　(Sí, mucho)

    3. En América Latina se dice "papa". ¿Cómo se dice en España?　(patata)

    4. ¿Cómo se puede llegar hasta el local de la fiesta?　(bajando esta calle hasta el final)

4. 次の文をスペイン語に訳しなさい.

1. 先週の会話の授業はどうだった？

2. 一昨日私たちは昼食を食べに行き，そこで（ahí）一緒に仕事をする（trabajar juntos）というアイディア（idea）が生まれた.

3. この前の日曜日に私たちが食べた子豚の丸焼き（el cochinillo）が私は気に入った.

4. 君のおかげで，私は米国の音楽シーン（el escenario musical）で成功したんだ（tener éxito）.

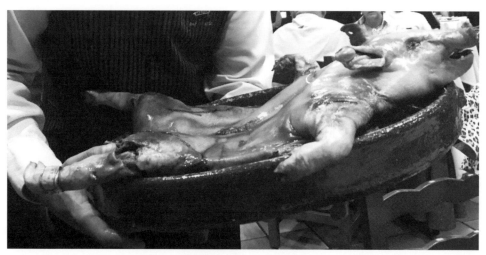

Cochinillo (Segovia, España)

Vocabulario

・**余暇：vacaciones** *f.pl.* 休暇，**leer el periódico / una revista / un libro** 新聞を読む／雑誌を読む／本を読む，**ver la televisión / una película** テレビを見る／映画を観る，**escuchar música / la radio / una canción** 音楽を聴く／ラジオを聴く／歌を聴く，**ir a una discoteca / a un museo** ディスコ（クラブ）に行く／美術館に行く，**siesta** *f.* 昼寝，**cantar** 歌う，**bailar** 踊る，**afición** *f.* (**hobby** *m.*) 趣味，**parque de atracciones** *m.* 遊園地，**zoo (zoológico)** *m.* 動物園，**invitar** 招待する，**quedar** 待ち合わせる，**ir de paseo / de compras** 散歩に行く／ショッピングに行く，**pasear** 散歩する，**tener una cita / planes** デートする／予定がある，**salir con amigos** 友達と出かける

・**公演・ショー：ir al teatro / al cine / a un concierto de música clásica / de rock** 劇場に行く／映画に行く／クラシックコンサートに行く／ロックコンサートに行く，**invitación** *f.* 招待，**programa** *m.* プログラム，**exposición** *f.* 展覧会，**película** *f.* 映画，**obra de teatro** *f.* 芝居，**ópera** *f.* オペラ，**musical** *m.* ミュージカル，**comprar una entrada** チケットを買う，**reservar una entrada por teléfono / por internet** チケットを電話で予約する／インターネットで予約する

・**時代区分：Edad de Piedra** *f.* 石器時代，**Edad Antigua** 古代，**Edad Media** 中世，**Edad Moderna** 近代，**Edad Contemporánea** 現代，**siglo** *m.* 世紀

・**人の一生：nacer** 生まれる，**crecer** 成長する，**casarse** 結婚する，**tener un hijo** 子供ができる，**separarse** 別れる，**divorciarse** 離婚する，**vivir** 生きる，**morir** 死ぬ

Lección 7

e Diálogo

31

Hiroyuki : Uf, ¡qué difícil es el español!...

Sofía : Bueno, es importante estudiar un poco todos los días, y también practicar en clase.

Hiroyuki : Sí, ya lo sé; es que me cuesta mucho…

5 Sofía : Recuerdo bien cómo aprendí chino cuando vivía en Taiwán.

Hiroyuki : ¿Viviste en Taiwán? No lo sabía…

Sofía : Sí. Cuando tenía nueve años, nos trasladamos a Taipei por el trabajo de mi padre, y vivimos allí durante cinco años.

32

Hiroyuki : ¿Y se usa chino mandarín en Taiwán?

10 Sofía : Bueno, la escritura del mandarín del continente ya está simplificada pero en Taiwán mantienen la escritura tradicional. Por otra parte, hablan una variedad diferente que se llama "taiwanés".

Hiroyuki : ¿Y era muy difícil?

Sofía : La escritura era lo más complicado… Cuando llegaba a mi casa por las

15 tardes, estudiaba dos o tres horas todos los días. ¡Yo quería aprender chino!

Las lenguas amerindias y el español

De las aproximadamente 1.750 lenguas amerindias que existían en América cuando llegaron los europeos, en la actualidad se mantienen de 550 a 700, la mayoría con menos de 5.000 hablantes. A causa de la conquista y posterior colonización de las Coronas española y portuguesa, muchas de estas lenguas desaparecieron. No obstante, la
⁵ presencia de los religiosos españoles y portugueses ayudó en gran medida a la conservación de algunas de estas lenguas hasta el siglo XIX, pues hasta entonces las habían utilizado para predicar la religión católica.

La más hablada en la actualidad es el quechua, con más de 8,5 millones de hablantes; ocupa el segundo lugar el guaraní, que tiene unos 4 millones de hablantes;
¹⁰ y el tercero el aymara, que cuenta con 2,2 millones de hablantes; le siguen lenguas mesoamericanas como el quiché o el náhuatl, con más de un millón de hablantes cada una. Estas lenguas gozan de relativa vitalidad en regiones bilingües y reciben cada vez más reconocimiento a través de la educación, publicaciones y medios de comunicación.

Las lenguas amerindias han prestado al español muchas palabras, como *chocolate,*
¹⁵ *tomate, hamaca, tabaco, cacao, papa, mate* o *coca.* Además, lo han influenciado considerablemente en su variedad regional por toda Hispanoamérica, no solo en su vocabulario, sino también en su pronunciación y su gramática.

Indígenas quechuas (Perú)

Gramática

1 線過去 Pretérito imperfecto de indicativo

1. 規則活用

hablar	
hablaba	hablábamos
hablabas	hablabais
hablaba	hablaban

comer		vivir	
comía	comíamos	vivía	vivíamos
comías	comíais	vivías	vivíais
comía	comían	vivía	vivían

2. 不規則活用

● 線過去の不規則活用動詞は，ser, ir, ver の３つに限られる.

ser : era, eras, era, éramos, erais, eran

ir : iba, ibas, iba, íbamos, ibais, iban

ver : veía, veías, veía, veíamos, veíais, veían

3. 用法

● 過去の行為や状態を，終結していない「継続中」のものとして表す（一方，「点過去」は，それらを「完結したもの」として表す）.

(1) 過去のある時点における継続中の行為を表す.

Cuando Kalina se decidió a estudiar en Buenos Aires, tenía veintitrés años de edad.

Anoche, cuando tembló, estábamos haciendo un asado en el patio.

(2) 過去の習慣・反復的行為を表す.

Anteriormente en esta comunidad solo unos pocos hablaban español e iban a la escuela.

De joven mi padre fumaba mucho, aunque ahora detesta a los fumadores.

(3) 主節の動詞が過去時制のとき，従属節で使われ，同時的行為を表す（時制の一致）.

Le dije al doctor que estaba mal del estómago.

☞ Le dije al doctor, "Estoy mal del estómago".

2 過去完了　Pretérito pluscuamperfecto de indicativo

> haber の線過去（規則活用）＋ 過去分詞（性・数による変化なし）

hablar			
había	hablado	habíamos	hablado
habías	hablado	habíais	hablado
había	hablado	habían	hablado

● 過去のある時点から見た「完了」・「経験」・「継続」を表す.

Cuando volví a casa, ya se habían acostado todos.

Hasta entonces el coche nunca había fallado.

Yo creía que siempre habíais vivido con vuestros padres.

3 序数　Numerales ordinales

序数	1番目～10番目	例
1°	primero (primer)	primer curso
2°	segundo	segunda hija
3°	tercero (tercer)	tercer lugar
4°	cuarto	cuarta fila
5°	quinto	Carlos V
6°	sexto	sexto viaje
7°	séptimo	séptimo piso
8°	octavo	octava vez
9°	noveno	Novena Sinfonía
10°	décimo	décimo título

＊-o で終わる形容詞と同じ変化をする.

＊primero, tercero は男性単数名詞の前で primer, tercer となる.

1. 太字の不定詞を線過去または過去完了の適切な形に活用させなさい.

    1. En el pasado la gran mayoría de la población **ser** _____ católica e **ir** _____ a misa cada domingo.

    2. Cuando nosotros **ser** _____ jóvenes, casi nadie **tener** _____ celular.

    3. Cuando dejó de llover, ya **cancelarse** _____ el concierto.

    4. Me dijeron que Cristina y José **separarse** _____ hacía cinco años.

2. 太字の不定詞を線過去または点過去の適切な形に活用させなさい.

    1. Cuando yo **estudiar** _____ en Sevilla, **venir** _____ a visitarme toda la familia.

    2. El viernes pasado, cuando usted nos **ver** _____ en la calle, **ir** _____ en peregrinación a Chalma.

    3. Ayer Charo no **asistir** _____ a la clase porque **estar** _____ enferma.

    4. Unos amigos paraguayos me **decir** _____ que no les **gustar** _____ el pescado crudo.

3. この課の Lectura の内容に関連した以下の質問にスペイン語で答えなさい.

    1. ¿Cuántas lenguas existían en América cuando llegaron los europeos?

    2. ¿Por qué desaparecieron muchas lenguas amerindias?

    3. De las lenguas amerindias sobrevivientes, ¿cuál es la tercera lengua más hablada?

    4. ¿Qué palabras ha tomado el español de las lenguas amerindias, por ejemplo?

4. 次の文をスペイン語に訳しなさい.

1. 君はフランス語を学んだの？　僕は知らなかったよ.

2. そう，17歳のときに勉強を始めたの. フランスに行きたかったから.

3. でも，僕たちが知り合ったときには，君はすでに勉強をやめていたよね（やめる＝dejar de＋不定詞）.

4. 発音がとても難しかったの. 大学生の頃はよく（a menudo）フランスの音楽を聴いていたんだけどね.

Vocabulario

・情報通信：**chatear** チャットする，**contestar (responder)** 返信する，**dejar**（メッセージ等を）残す，**enviar (mandar)** 送る，**escribir** 書く，**llamar** 電話をする，**recibir** 受け取る，**arroba** *f.* アットマーク（@），**carta** *f.* 手紙，**correo electrónico** *m.* 電子メール，**entrevista** *f.* インタビュー，**información** *f.* 情報，**mensaje** *m.* メッセージ，**página web** *f.* ウェブページ，**periodista** *mf.* 新聞記者，**tarjeta postal** *f.* 絵葉書，**prensa** *f.* 新聞，**medios de comunicación** *m.* 通信メディア，**programa** *m.* 番組，**sello** *m.* 切手，**sobre** *m.* 封筒，**teléfono** *m.* 電話，**teléfono móvil (celular)** *m.* 携帯電話

・住居：**alquilar** 賃貸（賃借）する，**buscar** 探す，**cambiarse (mudarse) de casa** 引っ越す，**compartir** シェアする，**estar bien / mal comunicado** 交通の便がいい／悪い，**lavar** 洗濯する，**limpiar** 掃除する，**aire acondicionado** *m.* 冷暖房，**calefacción** *f.* 暖房，**amueblado** 家具付きの，**apartamento** *m.* アパート，**ascensor (elevador)** *m.* エレベーター，**baño** *m.* 風呂，トイレ，**cama** *f.* ベッド，**casa** *f.* 家，**cocina** *f.* 台所，**cuarto** *m.* 部屋，**ducha** *f.* シャワー，**edificio** *m.* 建物，**escalera** *f.* 階段，**jardín** *m.* 庭，**patio** *m.* 中庭，**lavadora** *f.* 洗濯機，**mesa** *f.* テーブル，**microondas** *m.pl.* 電子レンジ，**pared** *f.* 壁，**piso** *m.* 階，**puerta** *f.* ドア，**silla** *f.* 椅子，**suelo** *m.* 床，**techo** *m.* 天井，**vivienda** *f.* 住居

◆ スペイン語の諺 ことわざ Refranes

　スペイン語圏の国々にも，古くから伝わる諺の類は数多い．このコーナーでは，その
うちのいくつかを紹介しよう．日本語にも対応する諺がある場合には，日本語の諺だけを
示し，直訳した意味はあえて示さないので，なぜその諺のような意味になるのかを自分で
考えてみてほしい．スペイン語の諺は，韻を踏むものが多い．たとえば，人の言葉や約束
が当てにならないことを教える諺は，次のようである．

　　　Del dicho al hecho hay gran trecho.
　　　（言うことと為すことの間には，大きな距離がある）．

ここでは，hecho と trecho が似た音になり，全体にリズムが生じる．

・A Dios rogando y con el mazo dando.	天はみずから助くる者を助く．
・A mal tiempo, buena cara.	逆境でこそ明るい笑顔．
・Como viene, se va.	悪銭身につかず．
・Dime con quién andas y te diré quién eres.	類は友を呼ぶ．
・Donde hay voluntad, hay camino.	意志あれば道あり．
・El que calla otorga.	沈黙は承認のしるし．
・Mala hierba nunca muere.	憎まれっ子世にはばかる．
・Más sabe el diablo por viejo que por diablo.	亀の甲より年の功．
・Más vale tarde que nunca.	遅くなってもしないよりまし．
・No hay mal que dure cien años.	待てば海路の日和あり．
・No se ganó Zamora en una hora.	ローマは一日にして成らず．
・Quien mucho abarca poco aprieta.	二兎を追う者は一兎をも得ず．
・Quien no ha visto Sevilla no ha visto maravilla.	セビーリャを見たことのない者は，すばらしいものを見たことがない．（☞日光を見ぬうちは結構と言うな）．
・Si se te cierra una puerta, otra hallarás abierta.	捨てる神あれば拾う神あり．
・Vísteme despacio, que estoy de prisa.	急がば回れ．

Lección 8

Diálogo

37 Ayaka : ¿Cómo te imaginas el futuro?

Camila : Pues, no sé bien… Creo que volveré a Buenos Aires y viviré allí en una casa preciosa…

Ayaka : Yo quiero trabajar en el extranjero. Sí, ¡algún día viviré en Hispanoamérica! Para entonces ya me habré graduado en la universidad y encontraré un trabajo en el que usaré el español.

Camila : ¿De verdad? Entonces, ¿por qué no vienes en vacaciones a conocer mi país, Argentina?

38 Ayaka : ¡Qué buena idea; me encantaría!

10 Camila : Ya verás, en Buenos Aires te llevaré a pasear por la calle Corrientes. Iremos al teatro Colón y al barrio de La Boca a bailar tango. ¡Y probaremos un buen vino!

Ayaka : Sí, también me gustaría beber mate con esa famosa bombilla.

Casa Rosada (Buenos Aires)

El *spanglish*: ¿idioma del futuro?

En algunas ciudades de Estados Unidos como Miami o Los Ángeles, es común escuchar frascs como "Es un sitio muy clean" o "Wait a minute; estoy terminando de lonchar"[1]. No es español ni inglés: es *spanglish*.

El *spanglish* se creó en la segunda mitad del siglo XX con la llegada de inmigrantes hispanohablantes, procedentes en su mayoría de México, República Dominicana, Puerto Rico y Cuba, que se instalaron principalmente en estados como Texas, California, Florida o Nueva York. Debido a la situación de intenso bilingüismo se produjo una mezcla lingüística y cultural que dio lugar al *spanglish*.

Es un lenguaje que en mayor o menor medida conocen unos 50 millones de hispanos en Estados Unidos. Algunos académicos lo consideran un lenguaje empobrecido y creen que desaparecerá en unos años. En cambio, otros aseguran que se mantendrá e incluso que con el tiempo se aceptarán sus innovaciones. De hecho, cada vez se usa más en la publicidad o en programas infantiles para anglohablantes, e incluso aparece en obras literarias como *La maravillosa vida breve de Óscar Wao*[2] de Junot Díaz, *Borderlands / La Frontera* de Gloria Anzaldúa o *La casa de Mango Street* de Sandra Cisneros. ¿Será un nuevo idioma en el futuro en Estados Unidos?

El Corrido de Boyle Heights (1983), de East Los Streetscapers,
un mural chicano en una calle del Este de Los Ángeles

---

1 "Es un sitio muy limpio"; "Espera un minuto; estoy terminando de almorzar".

2 原題は，*The Brief Wondrous Life of Oscar Wao.*

Gramática

1 未来 Futuro simple de indicativo

1. 規則活用

hablar		comer		vivir	
hablaré	hablar**emos**	comeré	comer**emos**	viviré	vivir**emos**
hablar**ás**	hablar**éis**	comer**ás**	comer**éis**	vivir**ás**	vivir**éis**
hablar**á**	hablar**án**	comer**á**	comer**án**	vivir**á**	vivir**án**

2. 不規則活用

● 活用語尾は規則活用と同じで，語根に以下のような変化が生じる.

不定詞の語尾の e が脱落		不定詞の語尾の e, i が d に変化	
saber		poner	
sabré	**sabr**emos	**pondr**é	**pondr**emos
sabrás	**sabr**éis	**pondr**ás	**pondr**éis
sabrá	**sabr**án	**pondr**á	**pondr**án

同類の動詞
caber → cabré
poder → podré
querer → querré

同類の動詞
salir → saldré
tener → tendré
venir → vendré

不定詞の語根が短縮			
hacer		decir	
haré	**har**emos	**dir**é	**dir**emos
harás	**har**éis	**dir**ás	**dir**éis
hará	**har**án	**dir**á	**dir**án

3. 用法

(1) 未来の行為や状態，意思を表す.

Como no hay nubes, mañana hará buen tiempo.

Te juro que no volveré a cometer el mismo error.

(2) 現在の行為や状態についての推量を表す.

A estas horas el metro estará muy lleno.

Sabréis mejor que nosotros cómo manejar la situación.

2 未来完了 Futuro compuesto de indicativo

haber の未来（不規則活用）＋ 過去分詞（性・数による変化なし）

hablar			
habré hablado		**habr**emos hablado	
habrás hablado		**habr**éis hablado	
habrá hablado		**habr**án hablado	

1. 未来のある時点までに完了している行為や状態，意思を表す．

   Los clientes habrán llegado al hotel antes de anochecer.

   Para el próximo miércoles habremos terminado toda la tarea.

2. 現時点で完了している行為や状態についての推量を表す．

   Son las doce de la noche. El último tren ya habrá salido.

3 過去未来 Condicional simple

1. 規則活用

hablar		comer		vivir	
hablar**ía**	hablar**íamos**	comer**ía**	comer**íamos**	vivir**ía**	vivir**íamos**
hablar**ías**	hablar**íais**	comer**ías**	comer**íais**	vivir**ías**	vivir**íais**
hablar**ía**	hablar**ían**	comer**ía**	comer**ían**	vivir**ía**	vivir**ían**

2. 不規則活用

● 活用語尾は規則活用と同じで，語根は未来時制の語根と同じである．

不定詞の語尾の e が脱落		不定詞の語尾の e, i が d に変化	
saber		poner	
sabría	**sabr**íamos	**pondr**ía	**pondr**íamos
sabrías	**sabr**íais	**pondr**ías	**pondr**íais
sabría	**sabr**ían	**pondr**ía	**pondr**ían

同類の動詞

caber → cabría

poder → podría

querer → querría

同類の動詞

salir → saldría

tener → tendría

venir → vendría

不定詞の語根が短縮			
hacer		decir	
haría	**har**íamos	**dir**ía	**dir**íamos
harías	**har**íais	**dir**ías	**dir**íais
haría	**har**ían	**dir**ía	**dir**ían

3. 用法

(1) 過去から見た未来の行為や状態，意思を表す．

Toño me dijo que vendría a las ocho, pero no ha llegado todavía.

(2) 過去の行為や状態についての推量を表す．

Él estaría durmiendo cuando lo llamaste. Por eso no atendió el teléfono.

(3) 婉曲的な表現や条件文（第10課参照）の帰結節で使われる．

¿Estás libre este fin de semana? Nos gustaría invitarte a casa.

De ser elegido presidente, ¿qué haría usted? — Prohibiría trabajar los domingos.

4 過去未来完了　Condicional compuesto

haber の過去未来（不規則活用）＋ 過去分詞（性・数による変化なし）

hablar			
habría	hablado	**habr**íamos	hablado
habrías	hablado	**habr**íais	hablado
habría	hablado	**habr**ían	hablado

1. 過去から見て未来のある時点には完了している行為や状態，意思を表す．

Los alumnos le prometieron a la profesora que habrían presentado sus reportes antes del comienzo de las vacaciones.

2. 過去のある時点で完了している行為や状態についての推量を表す．

Ellos sabían el secreto. Seguramente alguien se lo habría dicho.

3. 条件文の帰結節に使われる（第10課参照）.

Tus niños, de haber crecido en la provincia, no habrían padecido la enfermedad.

1. 太字の不定詞を未来または未来完了の適切な形に活用させなさい.

    1. En esa sala **caber** _____ hasta cincuenta personas.

    2. Dada la caída del precio de petróleo, algunos países **sufrir** _____ otra crisis
económica.

    3. A juzgar por su piel bronceada, ellos **pasar** _____ las vacaciones en alguna
isla tropical.

    4. Este partido de béisbol no **terminar** _____ antes de las diez de la noche.

2. 太字の不定詞を過去未来または過去未来完了の適切な形に活用させなさい.

    1. Su esposa le preguntó si **poder** _____ recogerla en el aeropuerto.

    2. **Ser** _____ las siete de la mañana cuando nació nuestro primer nieto.

    3. Sospeché que esos hombres tan simpáticos me **engañar** _____.

    4. Yo en tu lugar, no **aceptar** _____ tal proposición.

3. この課の Lectura の内容に関連した以下の質問にスペイン語で答えなさい.

    1. ¿Cuándo se creó el *spanglish*?

    2. Aproximadamente, ¿cuántas personas lo conocen en Estados Unidos?

    3. ¿Crees que en el futuro el *spanglish* desaparecerá o se mantendrá vivo?

    4. En el caso del japonés, ¿se ha mezclado con el inglés tanto como el *spanglish*?

4. 次の文をスペイン語に訳しなさい.

1. 私はラテンアメリカを知りたいのです．来年 8 月に南米を旅行するつもりです.

2. そのときまでに，旅行用のお金を貯めて（ahorrar dinero）いることでしょう.

3. だったら，中米に行ったらどうですか？　もっと安いでしょう.

4. でも，メキシコやコスタリカよりはアルゼンチンやペルーを訪れたいのです（preferir の過去未来を使う）.

Vocabulario

・科学と技術：**ciencia** *f.* 科学, **científico, -a** *mf.* 科学者, **desarrollo** *m.* 開発, **energía nuclear (atómica)** *f.* 原子力, **energía renovable** *f.* 再生可能エネルギー, **futuro** *m.* 未来, **innovación** *f.* 革新, **investigación** *f.* 研究, **tecnología avanzada / de punta** *f.* 先進技術／先端技術

・環境：**ahorrar** 節約する, **proteger** 保護する, **reciclar** 再利用する, **basura** *f.* ごみ, **calentamiento global** *m.* 地球温暖化, **contaminación** *f.* 汚染, **ecología** *f.* エコロジー, **medio ambiente** *m.* 環境, **naturaleza** *f.* 自然

・政治：**corrupción** *f.* 汚職, **democracia** *f.* 民主主義, **dictadura** *f.* 独裁, **república** *f.* 共和国, **ejército** *m.* 軍, **elección** *f.* 選挙, **voto** *m.* 投票, **gobierno** *m.* 政府, **guerra** *f.* 戦争, **paz** *f.* 平和, **partido político** *m.* 政党, **poder** *m.* 権力, **política** *f.* 政治, **político, -a** *mf.* 政治家, **diplomático, -a** *mf.* 外交官, **presidente, -a** *mf.* 大統領, **primer, -a ministro,-a** *mf.* 首相, **diputado, -a** *mf.* 下院議員, **reina** *f.* 女王, **rey** *m.* 王, **emperador** *m.* 皇帝, 天皇, **emperatriz** *f.* 女帝, 皇后

・教育：**aprender** 学ぶ, **aprobar** 合格する, **suspender** 落第する, **estudiar** 勉強する, **asistir a una clase** 授業に出席する, **dar / tener clases** 授業を受け持つ／がある, **practicar** 練習する, **preparar** 予習する, **repasar** 復習する, **repetir** 反復する, **aula** *f.* 教室, **biblioteca** *f.* 図書館, **cooperativa** *f.* 生協, **colegio** *m.* カレッジ, **curso** *m.* 講座, **diploma** *m.* 証書, **educación** *f.* 教育, **escuela de idiomas** *f.* 語学学校, **examen** *m.* 試験, **horario** *m.* 時間割, **instituto** *m.* 研究所, **matrícula** *f.* 登録, **crédito** *m.* 単位, **universidad** *f.* 大学, **administración** *f.* 事務部, **actividades del club** *f.pl.* クラブ活動, **artes liberales** *f.pl.* 教養科目, **bellas artes** *f. pl.* 美術, **biología** *f.* 生物学, **derecho** *m.* 法学, **economía** *f.* 経済学, **filosofía** *f.* 哲学, **física** *f.* 物理学, **historia** *f.* 歴史学, **ciencias naturales** *f.pl.* 自然科学, **humanidades** *f.pl.* 人文科学, **matemáticas** *f.pl.* 数学, **medicina** *f.* 医学, **música** *f.* 音楽, **química** *f.* 化学

Lección 9

Beatriz : ¿Qué queréis que hagamos el sábado? Ya llevo dos meses en Tokio, y casi no hemos salido juntos.

Yuriko : ¿Por qué no vamos de compras? Quiero buscar un par de camisetas de manga corta que pueda llevarme a Okinawa en las vacaciones.

5 **Nacho :** ¿Qué os parece si vais a Harajuku? Dicen que han abierto una tienda de ropa de Barcelona; sus camisetas son muy originales.

Beatriz : No creo que te guste, Yuriko; es ropa con diseños un poco atrevidos y de colores muy vivos…

Yuriko : Bueno, a mí también me gusta cambiar…

10 **Beatriz :** Perfecto, y de paso ¿me puedes llevar después a la calle Takeshita? Dicen que es el centro de la moda de los adolescentes japoneses.

¡Ojalá encuentre allí algún vestido que me quede bien!

Yuriko : Claro, te llevaré. ¿Quedamos por la mañana para que nos dé tiempo de ir a los dos sitios? ¿Nos acompañas, Nacho?

15 **Nacho :** Bueno, creo que todo el día de compras es demasiado para mí. Tal vez yo llegue un poco tarde…

Yuriko : Vale. Será mejor que nosotras dos vayamos haciendo las compras juntas y después nos reuniremos los tres en la calle Takeshita.

Beatriz : ¡Estupendo! Entonces, Nacho, ¿nos avisas cuando llegues?

20 **Nacho :** Por supuesto.

Moda española en Japón

Varias marcas de moda española tratan de hacerse un lugar en el exigente mercado japonés, ofreciendo productos de calidad y con un diseño original que gusten al consumidor japonés. No es extraño que marcas de zapatos y bolsos únicamente en sus filiales en Japón ofrezcan mayor variedad de productos o diseñen modelos
5 exclusivos inspirados en la cultura japonesa, como unas sandalias color rosa "sakura".

Pero la adaptación va incluso más allá. Por ejemplo, las camisas de una conocida marca de ropa española ya no llevan alfileres, pues los japoneses no los admiten. También las líneas de sus productos para Japón se renuevan constantemente y cambian cada semana. Incluso estudian adoptar en otros países el sistema de bolsas de plástico
10 que se ofrecen en Japón los días de lluvia para que los clientes guarden sus paraguas mojados.

Gramática

1 「直説法」と「接続法」 Indicativo y subjuntivo

   A. Miguel **habla** japonés muy bien.

      Creo que Miguel **habla** japonés muy bien.

   B. No creo que Miguel **hable** japonés muy bien.

      Es posible que Miguel **hable** japonés muy bien.

● 第8課までで学んできた「直説法」は，話者・主語が事実とみなしたことを叙述する（A. の **habla**）．一方，「接続法」は話者・主語が仮想した内容を提示する（B. の **hable**）．

2 接続法現在．規則活用 Presente de subjuntivo: conjugación regular

hablar	
habl**e**	habl**emos**
habl**es**	habl**éis**
habl**e**	habl**en**

comer		vivir	
com**a**	com**amos**	viv**a**	viv**amos**
com**as**	com**áis**	viv**as**	viv**áis**
com**a**	com**an**	viv**a**	viv**an**

3 接続法現在．不規則活用 Presente de subjuntivo: conjugación irregular

● 活用語尾は規則活用と同じだが，語根に以下のような変化が生じる．

   1. 語根母音変化動詞

pensar		volver	
p**ie**nse	pensemos	v**ue**lva	volvamos
p**ie**nses	penséis	v**ue**lvas	volváis
p**ie**nse	p**ie**nsen	v**ue**lva	v**ue**lvan

sentir		dormir	
s**ie**nta	sintamos	d**ue**rma	durmamos
s**ie**ntas	sintáis	d**ue**rmas	durmáis
s**ie**nta	s**ie**ntan	d**ue**rma	d**ue**rman

pedir	
pida	pidamos
pidas	pidáis
pida	pidan

(1) -ar 動詞と -er 動詞では，直説法現在と同様に語根母音が変化する.

(2) -ir 動詞では直説法現在と同様の語根母音変化に加え，１人称複数と２人称複数で語根母音 e が i に，o が u に変わる.

2. 直説法現在１人称単数形（ -o で終わる）をもとに活用をつくる不規則動詞

conocer (conozco)　→ conozca, conozcas, conozca, conozcamos, conozcáis, conozcan

tener (tengo)　　　→ tenga, tengas, tenga, tengamos, tengáis, tengan

venir (vengo)	→ venga	poner (pongo)	→ ponga
salir (salgo)	→ salga	oír (oigo)	→ oiga
traer (traigo)	→ traiga	caer (caigo)	→ caiga
hacer (hago)	→ haga	decir (digo)	→ diga
construir (construyo)	→ construya	ver (veo)	→ vea

3. その他の不規則動詞（直説法現在１人称単数形が -o で終わらない動詞）

ser (soy)　　　→ sea, seas, sea, seamos, seáis, sean

estar (estoy)　→ esté, estés, esté, estemos, estéis, estén

haber (he)　　→ haya, hayas, haya, hayamos, hayáis, hayan

saber (sé)　　→ sepa, sepas, sepa, sepamos, sepáis, sepan

ir (voy)　　　→ vaya, vayas, vaya, vayamos, vayáis, vayan

dar (doy)　　→ dé, des, dé, demos, deis, den

4 接続法現在の用法 Usos del presente de subjuntivo

● 接続法は主に従属節（名詞節，形容詞節，副詞節）の中で使われる.

1. 名詞節で使われる接続法

El profesor nos pide que preparemos la presentación para la próxima clase.

No creo que el supermercado esté abierto a esta hora.

Es lógico que Patricia se enfade contigo y no responda a tus mensajes.

Temo que ella ya no quiera colaborar con nosotros.

2. 形容詞節で使われる接続法

Buscamos un apartamento que dé a una calle tranquila.

No hay nadie que comprenda una fórmula matemática tan complicada.

3. 副詞節で使われる接続法

Quiero llevaros al Museo Reina Sofía para que veáis el *Guernica* de Picasso.

Mi hijo dice que quiere ser jugador de fútbol cuando sea mayor.

4. 単文の中で使われる接続法

¡Ojalá no nieve mañana!（願望文：第 10 課参照）

Siga todo derecho por esta calle.（命令文：第 10 課参照）

Quizá Luis llegue tarde a la cita.

5 接続法現在完了　Pretérito perfecto compuesto de subjuntivo

> haber の接続法現在（不規則活用）＋ 過去分詞（性・数による変化なし）

hablar			
haya	hablado	hayamos	hablado
hayas	hablado	hayáis	hablado
haya	hablado	hayan	hablado

● 接続法が要求される従属節の中で，現在完了または未来完了として用いられる.

Me alegro de que ustedes lo hayan pasado bien en el viaje.

Necesitas hablar con alguien que haya tenido el mismo problema.

Cuando haya conseguido la información necesaria, te avisaré.

1. 例にならって，太字の不定詞を直説法現在または接続法現在の適切な形に活用させなさい.

  Ejemplo: **Querer** (nosotros) _____ que nos **ayudar** (tú) _____.

       → **Queremos** que nos **ayudes**.

 1. Os **recomendar** (yo) _____ que no **acercarse** _____ a este barrio

   cuando **visitar** _____ la ciudad.

 2. Luisa **buscar** _____ una persona que **acompañar** _____ a su

   abuela al hospital una vez por semana.

 3. **Sentir** (yo) _____ que no **encontrarse** (tú) _____ bien. Espero que

   verse (nosotros) _____ cuando **sentirse** (tú) _____ mejor.

 4. A Julio no le **gustar** _____ que Laura **sacar** _____ mejores notas

   que él.

2. ( ) 内の不定詞を接続法現在の適切な形に活用させ，次の質問に答えなさい.

 1. ¿Qué le has dicho? (pasar por la farmacia y comprarme aspirinas)

 2. ¿Qué te ha aconsejado el médico? (no salir de casa hasta que me baje la fiebre)

 3. ¿Qué les han pedido ustedes? (traernos unas botellas de vino tinto)

 4. ¿Qué te han sugerido para cuando vayas al extranjero? (tener cuidado con mis

   pertenencias)

3. 太字の不定詞を接続法現在完了の適切な形に活用させなさい.

 1. ¿Hay alguien que **ver** _____ la nueva película de ese director?

 2. ¿Me prestas la novela cuando la **leer** _____?

 3. Temo que nosotros **subir** _____ a un autobús equivocado.

 4. Es raro que ellos no **volver** _____ del trabajo todavía.

4. 次の文をスペイン語に訳しなさい.

1. 部屋が3室で大きな庭のある家を私は探している.

2. 去年私たちが買った靴は息子にはもう小さくなっているかもしれない.

3. 1ヶ月前に書店で君の注文した本がまだ届かないというのは変だ.

4. デザインが少し大胆なので，ベアトリスはそのブランドの服をユリコが気に入るとは思わない.

La camisa del hombre: Desigual
El cinturón, los pantalones y los zapatos del hombre: Zara
El vestido y las sandalias de la mujer: Desigual
(Universidad de Tokio, campus de Komaba)

Vocabulario

・ビジネス：**comercio** *m.* 商売，**negocio** *m.* ビジネス，**publicidad** *f.* 宣伝，**anuncio** *m.* 広告，コマーシャル，**mercadotecnia** *f.* (**mercadeo** *m.*) マーケティング，**empresa** *f.* 企業，**compañía** *f.* 会社，**oficina** *f.* オフィス，**fábrica** *f.* 工場，**presidente, -a** *mf.* 社長，**gerente** *mf.* 管理職，**empleado, -a** *mf.* 従業員

・買い物：**comprar** 買う，**vender** 売る，**pagar en efectivo / con tarjeta** 現金で支払う／カードで支払う，**tienda** *f.* 店，**mercado** *m.* 市場，**supermercado** *m.* スーパーマーケット，**grandes almacenes** *m.pl.* デパート，**quiosco** *m.* （駅や広場の）売店，**dependiente, -a** *mf.* 店員，**cliente, -a** *mf.* 客，**dinero** *m.* お金，**moneda** *f.* 硬貨，**billete** *m.* 紙幣，**tarjeta de crédito** *f.* クレジットカード，**precio** *m.* 値段，**impuesto de consumo** *m.* 消費税，**dólar** *m.* ドル，**euro** *m.* ユーロ，**libra** *f.* ポンド，**peso** *m.* ペソ，**yen** *m.* 円

・衣服：**pantalones** *m.pl.* ズボン，**vaqueros (jeans)** *m.pl.* ジーンズ，**falda** *f.* スカート，**camiseta** *f.* Ｔシャツ，**camisa** *f.* シャツ，**jersey** *m.* セーター，**traje** *m.* 服，スーツ，**vestido** *m.* 服，ドレス，**chaqueta** *f.* ジャケット，**abrigo** *m.* コート，**gorra** *f.* （ひさしの付いた）帽子，**sombrero** *m.* （つばのある）帽子，**guantes** *m.pl.* 手袋，**bufanda** *f.* マフラー，**calcetines** *m.pl.* 靴下，**zapatos** *m.pl.* 靴，**talla** *f.* サイズ，**número (de zapatos)** *m.* （靴の）サイズ，**tamaño** *m.* 大きさ，**diseño** *m.* デザイン，**pequeño** 小さい，**grande** 大きい，**cómodo** 心地よい，**incómodo** 心地よくない，**elegante** おしゃれな，**vulgar** 趣味が悪い，**precioso** すてきな，**caro** 高い，**barato** 安い，**tienda de ropa** *f.* 衣料品店，**zapatería** *f.* 靴屋，**ponerse** 着る，**quitarse** 脱ぐ，取る，外す

・持ち物：**llave** *f.* 鍵，**cartera** *f.* 財布，**reloj** *m.* 時計，**gafas** *f.pl.* メガネ，**paraguas** *m.* 傘，**agenda** *f.* 手帳，**pañuelo** *m.* ハンカチ

Lección 10

46	Carmen :	¡Aló! ¿Takeshi?
	Takeshi :	Sí, ¿quién es?
	Carmen :	Soy Carmen, desde Quito. ¿Cómo estás?
	Takeshi :	Bien, ¡qué alegría! Habla más alto, por favor. Estoy en la calle y hay
5		mucho ruido.
	Carmen :	De acuerdo. Estoy bien. Preparando el viaje. Estoy muy emocionada con
		nuestra primera visita a Japón.
	Takeshi :	¡Qué bien! ¡Como yo cuando fui a tu país!
	Carmen :	Podría ir en el verano si Eduardo, mi hermano, se decide y me acompaña.
10	Takeshi :	Ojalá que puedan venir los dos. Por cierto, me gustaría que habláramos
		sobre los detalles del viaje.
47	Carmen :	¡Claro! Quisiera estar por lo menos tres semanas; ojalá tuvieras tiempo y
		nos acompañaras a Kioto y Nara.
	Takeshi :	Sí, también me gustaría llevaros a Hiroshima y a Okinawa.
15	Carmen :	Sería estupendo. Me hubiera gustado tener el mes completo de
		vacaciones, pero no fue posible arreglar las fechas.
	Takeshi :	Dime si puedo hacer algo por ti.
	Carmen :	Sí, por favor; escríbele a mi hermano y cuéntale de los lugares que
		visitaremos. Él es arquitecto y quiero que le hables sobre las
20		ciudades, los jardines, los templos. ¡Ah, y háblale de la comida; a él
		le encanta! Sobre todo el sushi, el sashimi y el ramen le gustan
		mucho.
48	Takeshi :	No te preocupes. Le escribiré. Quisiera darle algunas recomendaciones.
	Carmen :	Sí, muchas gracias. Hazlo, por favor.
25	Takeshi :	Estoy feliz de que me hayas llamado. ¡Ven pronto, amiga!
	Carmen :	Estoy contenta de escucharte, pero lo que más deseo es verte.
	Takeshi :	Yo también quiero volver a verte.
	Carmen :	Cuídate mucho, por favor.
	Takeshi :	Lo haré. ¡Que estés muy bien!

Viajeros en Japón

Japón es un país que atrae a turistas del mundo entero. Durante todo el año llegan viajeros para disfrutar el arte, la gastronomía, el paisaje y la tecnología, entre otras cosas. También es atractiva la riqueza cultural representada en los templos y jardines, en las ciudades antiguas o las urbes modernas.

5 Cada estación del año tiene sus encantos especiales. En Japón los visitantes pueden ver las flores de distintas temporadas, participar en los festivales o en actividades tradicionales, como la ceremonia del té o los baños termales; conocer el universo de los videojuegos, el *manga* y el *anime*; ir de excursión a las montañas e, incluso, ¡jugar con la nieve!

10 La cocina de cada región ofrece los más variados platillos, y muchos de ellos solo pueden disfrutarse en el país. La hospitalidad y la cortesía se muestran de una manera espontánea y hacen mucho más grata la estadía.

¡Visita Japón, ven a conocer su paisaje, sus lugares históricos y su gastronomía!

Gramática

1 肯定の命令文　Oraciones imperativas afirmativas

	単数	複数
1人称		接続法現在
2人称	命令形	命令形
3人称	接続法現在	接続法現在

1. tú に対する命令形は直説法現在３人称単数形と同形．ただし以下の不規則形がある．

2. tú に対する不規則な命令形．

   poner → pon　　tener → ten　　venir → ven　　salir → sal
   hacer → haz　　decir → di　　ir → ve　　ser → sé

3. vosotros / vosotras に対する命令形は不定詞の語末 の -r を -d にする.

4. 目的語人称代名詞および再帰代名詞は動詞の後ろに続けてつける．アクセント記号が必要な場合がある.

hablar		volver		decir	
	hablemos		volvamos		digamos
habla	hablad	vuelve	volved	di	decid
hable	hablen	vuelva	vuelvan	diga	digan

Espere un momento, por favor.

Volved pronto.

Ayúdanos a llevar estas cajas.

Si necesitas algo, dímelo.

5. 再帰動詞の nosotros / nosotras と vosotros / vosotras に対する命令では，活用語尾の -s, -d を取ってから，それぞれ -nos, -os をつける.

levantarse	
	levantémonos (× levantémo<u>s</u>nos)
levántate	levantaos (× levanta<u>d</u>os)
levántese	levántense

2 否定の命令文　Oraciones imperativas negativas

1. すべての人称に対して no + 接続法現在の形になる.

2. 目的語人称代名詞および再帰代名詞は動詞の前におく.

No hables mal de tu amigo.

Tenga cuidado con él; no le dé mucha confianza.

No os preocupéis; nos encargaremos de todo.

3 接続法過去．規則活用　Pretérito imperfecto de subjuntivo: conjugación regular

● 直説法点過去３人称複数形から語末の -ron を取った形が語根となる.

hablar	
hablara	habláramos
hablaras	hablarais
hablara	hablaran

comer		vivir	
comiera	comiéramos	viviera	viviéramos
comieras	comierais	vivieras	vivierais
comiera	comieran	viviera	vivieran

4 接続法過去．不規則活用　Pretérito imperfecto de subjuntivo: conjugación irregular

● 直説法点過去３人称複数形から語末の -ron を取った形が語根となる.

dormir		tener	
durmiera	durmiéramos	tuviera	tuviéramos
durmieras	durmierais	tuvieras	tuvierais
durmiera	durmieran	tuviera	tuvieran

decir		ser / ir	
dijera	dijéramos	fuera	fuéramos
dijeras	dijerais	fueras	fuerais
dijera	dijeran	fuera	fueran

＊接続法過去には，〈se 形〉と呼ばれる別の活用語尾もある.

-se, -ses -se, -semos, -seis, -sen

hablar: hablase, hablases, hablase, hablásemos, hablaseis, hablasen

5 接続法過去完了　Pretérito pluscuamperfecto de subjuntivo

> haber の接続法過去（不規則活用）＋ 過去分詞（性・数による変化なし）

hablar			
hubiera	hablado	hubiéramos	hablado
hubieras	hablado	hubierais	hablado
hubiera	hablado	hubieran	hablado

6 接続法過去・過去完了の用法　Usos del pretérito imperfecto de subjuntivo, y del pretérito pluscuamperfecto de subjuntivo

1. 主節が過去の時制（点過去・線過去・過去完了・過去未来・過去未来完了など）で，接続法を要求するときの従属節の中で使われる（時制の一致）．従属節の内容が主節の時点と同時ないし後の場合には接続法過去が，主節の時点よりも前の場合には接続法過去完了が用いられる．

   Yo no esperaba que viniera tanta gente a la conferencia.

   ☞Yo no espero que venga tanta gente a la conferencia.

   Él temía que ella hubiera cometido un grave error.

   ☞Él teme que ella haya cometido un grave error.

   Me gustaría que me contaras lo que te ocurrió ayer.

2. 婉曲的な表現として．（主に querer, gustar, deber で使われる）

   Quisiéramos que nos aclarara su intención.

   Me hubiera gustado terminar la tarea antes que vosotros.

   Debieras atender más a tu familia.

3. 願望文や条件文の中で．

7 願望文　Oraciones desiderativas

1. Ojalá (que) / Que ＋ 接続法現在・現在完了：実現の可能性があることを願望する．

   ¡Que te vaya bien en el examen!

   ¡Ojalá (que) nos lleve a la estación en su coche!

   ¡Ojalá (que) os haya gustado la comida!

2. Ojalá (que) / Que ＋ 接続法過去：実現の可能性がない／低いことを願望する．

   ¡Ojalá (que) nos llevara a la estación en su coche!

   ¡Ojalá (que) pudiéramos vernos antes de que te vayas!

3. Ojalá (que) / Que ＋ 接続法過去完了：過去の事実に反することを願望する．

   ¡Ojalá (que) nos hubiera llevado a la estación en su coche!

   ¡Ojalá (que) me hubierais avisado antes!

8 条件文　Oraciones condicionales

1. 直説法の条件文：現実的なことを想定する.

> 条件節：Si ＋ 直説法現在，帰結節：直説法現在／直説法未来

Si **tenemos** tiempo, **visitamos** el jardín botánico.

Si **llueve** mañana, se **suspenderá** la excursión.

2. 接続法過去の条件文：現在の事実に反することや実現の可能性がない／低いことを仮定する.

> 条件節：Si ＋ 接続法過去，帰結節：過去未来

Si **tuviéramos** tiempo, **visitaríamos** el jardín botánico.

Si los profesores no **hicieran** tantos exámenes, **seríamos** más felices.

3. 接続法過去完了の条件文：過去の事実に反することを仮定する.

> 条件節：Si ＋ 接続法過去完了，帰結節：過去未来完了

Si **hubiéramos tenido** tiempo, **habríamos visitado** el jardín botánico.

Si no lo **hubieras apoyado**, él no **habría llegado** tan lejos.

＊「aunque ＋ 直説法／接続法」は譲歩文を構成する.

Aunque **hacía** mal tiempo ayer, **salimos** de excursión.

Aunque todo el mundo **estuviera** en contra, Jorge **llevaría** adelante su investigación.

Aunque **hubieras tenido** la oportunidad de disculparte, no lo **habrías hecho**.

1. 太字の不定詞を肯定命令または否定命令の適切な形にしなさい.

　　1. ¿Tienes frío? ¡**Ponerse** _____ el abrigo!

　　2. Señor, no **olvidarse** _____ de llevar su paraguas.

　　3. Os voy a decir una cosa muy importante. **Escucharme** _____ bien.

　　4. Nuestro perro no los va a morder a ustedes. No **tener** _____ miedo.

2. 例にならって，主節の動詞を線過去にして全文を書き換えなさい.

　　Ejemplo:　Nos pide que usemos solamente español en la clase.
　　　　　　　　→ Nos **pedía** que **usáramos** solamente español en la clase.

　　1. Se recomienda que el pago se haga antes de dos semanas.

　　2. Es probable que no se consigan los objetivos del proyecto.

　　3. Es increíble que nadie se haya dado cuenta del fraude en su experimento.

　　4. Dicen que la vida ha vuelto a la normalidad, pero dudo que se hayan resuelto todos los problemas.

3. 例にならって，1. と 2. は接続法過去を使う条件文に，3. と 4. は接続法過去完了を使う条件文に書き換えなさい.

　　Ejemplo:　Si **tengo** dinero, **compraré** una computadora nueva.
　　　　　　　　→ Si **tuviera / hubiera tenido** dinero, **compraría / habría comprado** una computadora nueva.

　　1. Si le **ofrecen** el puesto a Javier, lo **aceptará** en el acto.

　　2. Si **vas** a la clínica, te **recetarán** medicamentos y te **mejorarás** pronto.

　　3. Si ellos **publican** su descubrimiento, **tendrá** una gran repercusión.

　　4. Si **giráis** a la izquierda, **encontraréis** la entrada del metro.

4. 次の文をスペイン語に訳しなさい.

1. カルメンはタケシに, 自分といっしょに日本に行くよう兄を説得して (convencer) ほしいと頼んだ.

2. 私は, あなたがたが日本を訪れたときに, この国が持つ文化と自然の豊かさを体験し (conocer) 味わって(disfrutar)もらいたいと思います (quisiera).

3. 私たちは北海道に行きたかったのだが, 悪天候のためフライト (el vuelo) がキャンセルされた (cancelarse) ので, 行けなかった.

4. 彼らは訪れる先々で人々が厚くもてなしてくれた (recibir con gran hospitalidad) ことをとても喜んでいた.

Vocabulario

・**旅行**：**viajar** 旅行する，**viaje** *m.* 旅，**turista** *mf.* 観光客，**agencia de viajes** *f.* 旅行代理店，**oficina de turismo** *f.* 観光案内所，**guía turístico, -a** *mf.* 観光ガイド，**guía** *f.* ガイドブック，**horario** *m.* 時刻表，**vuelo** *m.* フライト，**excursión** *f.* 小旅行，遠足，**hacer / deshacer las maletas** 荷物をスーツケースに詰める／荷物をスーツケースから出す，**maleta** *f.* スーツケース，**mochila** *f.* リュックサック，**bolsa** *f.* バッグ，袋，**mirar / consultar un mapa / un plano** 地図／市街図を見る／参照する，**contratar un seguro de viaje** 旅行保険に入る，**viajar en avión / en tren / en barco / en coche / en autobús** 飛行機／列車／船／車／バスで旅をする，**alquilar un coche** 車を借りる，**coger (tomar) un taxi / el metro / el tren / un barco** タクシー／地下鉄／列車／船に乗る，**subir al tren** 列車に乗り込む，**bajar del tren** 列車から降りる，**hacer transbordo** 乗り換える，**andén** *m.* （駅の）ホーム，**tren expreso** *m.* 急行列車，**tren bala** *m.* 超高速列車，新幹線，**taquilla** *f.* 切符売り場，**billete (boleto)** *m.* 切符，**billete de ida / de ida y vuelta** 往路の／往復の切符，**parada de autobús / de taxi** *f.* バス停留所／タクシー乗り場，**estación** *f.* 駅，**aeropuerto** *m.* 空港，**puerto** *m.* 港，**tarjeta de embarque** *f.* 搭乗券，**pasaporte** *m.* パスポート，**carné de identidad** *m.* 身分証明書，**pasajero, -a** *mf.* 乗客，**viajero, -a** *mf.* 旅人

・**宿泊**：**alojamiento** *m.* 宿泊，**alojarse** 泊まる，**reservar** 予約する，**cancelar** キャンセルする，**hotel** *m.* ホテル，**hostal** *m.* オスタル（小ホテル），**pensión** *f.* ペンシオン，民宿，**recepción** *f.* フロント，**habitación** *f.* 部屋，**habitación doble / individual** ツインルーム／シングルルーム

Campo de Criptana (España)

Cuenca (Ecuador)

制作：網野徹哉，石橋純，受田宏之，Ana Isabel García，川崎義史，斎藤文子，
　　　Gregory Zambrano，高橋均，竹村文彦，深澤晴奈，藤田護，宮地隆廣
制作協力：Carlos Isabel，上田博人，木村秀雄，Antonio Doñas
写真提供：新津厚子（63 ページ）
モデル：佐土原周平，福嶋彩乃（71 ページ，76 ページ）
フォト・ディレクション：菊地原宏太（71 ページ，76 ページ）
装丁：メディアアート

スペイン語学習の羅針盤

検印
省略

© 2020年1月30日　　初版発行
2023年1月30日　　第4刷発行

著　者　　　　　東京大学教養学部スペイン語部会

発行者　　　　　　　　　　原　雅　久
発行所　　　　　株式会社　朝日出版社
101-0065　東京都千代田区西神田3-3-5
電話　03-3239-0271/72
振替口座　00140-2-46008
http://www.asahipress.com/
組版　クロス・コンサルティング／印刷　信毎書籍印刷株式会社